Markus Becker – Klaus Kächler

Tom Mutters
Pionier · Helfer · Visionär

Daedalus Verlag

Copyright © 2016 by Daedalus Verlag Joachim Herbst, Münster
Alle Rechte vorbehalten
Unter besonderer Mitarbeit von Dr. Bernhard Conrads
Umschlagentwurf: Nadine Becker
unter Verwendung eines Fotos von Michael Bause; Köln
Printed in Germany
ISBN 978-3-89126-239-9
daedalusbuch.de

»Je moet het leven leven,
Je mag het niet langs je heen laten glijden«

»Man muss das Leben leben.
Man darf es nicht an sich vorbei gleiten lassen.«

Tom Mutters

Gemeinsam für eine bessere Welt: Ursula und Tom Mutters (etwa um 1950).

Inhalt

»Mit der Sprache des Herzens«

Von Guido Maria Kretschmer,
Modedesigner und Schwiegersohn

> Ich lebe mein Leben in wachsenden Ringen,
> die sich über die Dinge ziehen.
> Ich werde den letzten vielleicht nicht vollbringen,
> aber versuchen werde ich ihn.
>
> Rainer Maria Rilke

Tom lebte sein Leben in wachsenden Ringen. Er war der Wanderer, der wachen Auges und Geistes durch seine Zeit ging. Unbeirrt, wissend um die Einzigartigkeit jedes Menschen. Er schenkte seine Aufmerksamkeit den Lebensringen der Anderen.

Einmal sagte er: »Der Weg, den die Lebenshilfe eingeschlagen hat, ihre Bemühungen für geistig behinderte Menschen und ihre Angehörigen, ihnen eine gute Zukunft mitzugestalten, wird nicht zu Ende gehen, solange sich Menschen auf den Weg machen und um ihre Verantwortung für das Leben wissen. Manches konnte im Laufe der Zeit von der Schuld der Vergangenheit gegenüber behinderten Menschen und ihren Familien abgetragen werden. So ist es an mir, nicht mit der Arbeit aufzuhören, immer neue Aufgaben anzugehen, und Probleme zu bewältigen, im Sinne der Verantwortung für das Leben.«

Mir kommt da Schillers Gedicht »Der Ideale« in den Sinn:

> Beschäftigung, die nie ermattet,
> Die langsam schafft, doch nie zerstört,
> Die zu dem Bau der Ewigkeiten,
> Zwar Sandkorn nur für Sandkorn reicht,
> Doch von der großen Schuld der Zeiten,
> Minuten, Tage, Jahre streicht.

Auch Tom musste viel Zeit streichen – private Zeit, Familienzeit, Freizeit. Das bekam auch seine Frau zu spüren. »Hinter jedem erfolgreichen Mann steht eine starke Ursel«, hat er einmal zu mir gesagt. Aus einer Essensgemeinschaft im Hotel »Hamburger Hof« in Marburg kurz nach dem Zweiten Weltkrieg wurde eine Lebensgemeinschaft. Ursel: »Ich bekam dort ein warmes Mittagessen, weil ich dem Sohn des Hauses Nachhilfe gab. Und Tom, weil er es verdient hatte. Er hatte geholfen, uns zu befreien. Er kam mit einem Jeep und Schokolade. Er war ein begnadeter Tänzer, spielte Geige, liebte die Musik und er half uns, wieder auf den richtigen Weg zu kommen.«

Die Verbundenheit der beiden sollte 66 Jahre andauern. Was für eine lange Zeit, was für eine Wegstrecke, was für ein Leben!

Ein Leben auf der Wanderschaft. Er reiste um die Welt, sie hielt ihm den Rücken frei.

Auch privat war die Familie immer gerne unterwegs. Tom liebte die Berge – wie vermutlich alle Niederländer. »Er hatte ein mittelmäßiges Talent für das Skifahren«, vertraute mir Ursel einmal an. Doch in ihr hatte er eine perfekte Lehrerin. So wurde er ebenfalls ein Könner.

Auch mir brachte sie vor mittlerweile über 30 Jahren das Skilaufen bei. Zuhause in Marburg-Wehrshausen, auf dem Wohnzimmerteppich – trocken sozusagen – in voller Montur, auf seinen alten Skiern.

Tom kam herein und amüsierte sich königlich. Und er freute sich mit mir, als ich schon drei Wochen später in unseren ersten gemeinsamen Skiferien ein Abfahrtsrennen gewann. Ich habe seine Worte noch im Ohr: »Erfolgreich unterrichten kann die liebe Ursel – auch unter ›erschwerten Bedingungen‹.«

Er war ein freier Geist, interessiert und gebildet, grenzenlos tolerant und sozial aus tiefster Seele.

Er war es, der seinen Sohn Frank und mich dazu ermutigte, eine eingetragene Partnerschaft, und damit eine vor dem Gesetz gültige Verbindung, einzugehen. Es war sein Wunsch: »Vor dem Hintergrund unserer Geschichte erleben zu dürfen, dass dies möglich ist, erfüllt mich mit Freude und Zuversicht. Ihr solltet keine Minute länger damit warten«, sagte er.

Tom war ein feiner Mensch, beharrlich und mutig, charmant und eigensinnig. Er war gebildet und sprach nicht nur einige Sprachen dieser Welt, er sprach die wichtigste, die alles verbindende: die Sprache des Herzens.

Immer wenn er uns in Spanien besuchte, saß er stundenlang im Schatten eines Pfefferbaumes an unserem Seerosenteich, vermeintlich gedankenverloren – immer einen liebevoll hingestreckten Hundekopf streichelnd.

»Das ist hier der schönste Platz auf Erden«, sagte er einmal, »weil ihr ihn zusammen mit der Natur erschaffen habt. Kreativität ist vielleicht Euer Geschenk an die Menschen.«

Wir haben diesen Ort am Teich »Tom-Mutters-Platz« getauft, in der Gewissheit, dass er in den Herzen von unzähligen Menschen schon lange einen Platz hat!

Tom war ein guter Mensch, er hat auf uns aufgepasst – und auf viele, die wir gar nicht kannten.

»Für uns ist er ein Held«

Von Ulla Schmidt MdB,
Vizepräsidentin des Deutschen Bundestages,
Bundesvorsitzende der Lebenshilfe

Zum ersten Mal traf ich Tom Mutters beim 50-jährigen Jubiläum der Bundesvereinigung Lebenshilfe in Marburg. Damals war ich in meiner Funktion als Bundesgesundheitsministerin als Festrednerin nach Marburg eingeladen. Besonders beeindruckt hat mich, wie er von Menschen mit Behinderung mit geradezu frenetischem Applaus begrüßt wurde. Es war deutlich spürbar, welch überragende Wertschätzung sie diesem Mann entgegenbrachten. Bereits damals hat die Erfolgsgeschichte der Lebenshilfe bei mir großen Respekt hervorgerufen: Als Bürgerbewegung hat sie in den 1950er Jahren, die bezogen auf Menschen mit Behinderung noch stark von der Ideologie der Nazizeit geprägt waren, Eltern behinderter Kinder aus der Deckung geholt und sie zu Engagement ermuntert. Eltern haben ihre Kinder nicht länger versteckt, sondern sind an Behörden herangetreten, um Kindergärten, Schulen und Bildungsstätten für ihre Kinder aufzubauen.

Tom Mutters war hierbei eine zentrale Figur. Mit seinem Zuspruch sind landauf, landab neue Lebenshilfe-Vereine gegründet worden. Mit charismatischen Reden hat er Eltern und Fachleute im wahrsten Sinne des Wortes angesteckt. Bald »brannten« sie ebenso wie er für eine neue Idee: gemeindenahe Orte des Lebens für ihre Kinder mit geistiger Behinderung zu schaffen. Dabei wurden sie selbst tätig, haben Räume gesucht, sie renoviert und hergerichtet und abwechselnd die Betreuung der behinderten Kinder übernommen. Mit ihnen an der Seite hat Tom Mutters dafür gekämpft, dass sie als bildungsfähig anerkannt wurden, denn Tom Mutters war Lehrer, so wie ich es selbst bin. So haben die Gründermütter und Gründerväter die Anerkennung von Menschen mit

13

Behinderung erreicht und den Grundstein für über 4.100 Dienste und Einrichtungen gelegt, mit denen die Lebenshilfe heute Menschen mit Behinderung und ihre Familien unterstützt. Mit seinem pädagogischen Geist und der Erfahrung, die er als UN-Offizier in Goddelau gemacht hatte, fürchterliche Lebensverhältnisse von Kindern mit schwerer Behinderung, die von ihren flüchtenden Eltern verlassen wurden, gab Tom Mutters den Impuls zu einer nationalen Bewegung.

Nach meiner Wahl zur Bundesvorsitzenden im September 2012, habe ich ihn 2013 in seinem Haus in Marburg-Wehrshausen besucht, mit seiner Frau an der Seite, die ihn zeitlebens begleitet und unterstützt hat. Seine Energie und der Gestaltungswille waren, bei dem inzwischen 96-jährigen, noch immer spürbar. Bei vielen Besuchen in Lebenshilfevereinigungen vor Ort sind mir seine Spuren begegnet, bei Jubiläen im Osten wie im Westen fanden sich immer Menschen, die von ihm erzählt haben: von seinem Besuch zur Gründung der Lebenshilfe und von der Bedeutung seines Beitrags. Tom Mutters hat mit seinem Charisma eine gewaltige Bewegung in Gang gesetzt, die noch heute wirksam ist, und die mit gemeindenahen Einrichtungen und Diensten, später der Professionalisierung und Einführung des Konzepts der Normalisierung, schließlich der Ermutigung von Menschen mit Behinderung zur Selbstvertretung wegweisend war. Bei manchen zaghaften Diskussionen über Inklusion wünsche ich mir mehr von diesem Pioniergeist.

Tom Mutters war für uns ein echter Held. Und er wird es immer bleiben. Als Gründer, Vorstandsmitglied, langjähriger Geschäftsführer und schließlich Ehrenvorsitzender der Lebenshilfe hat er bis ins hohe Alter die Entwicklung der Lebenshilfe befruchtet und aufmerksam beobachtet. Die Dankbarkeit in der Lebenshilfe wie bei mir selbst ist herausragend, und gerade Menschen mit Behinderung spüren, dass Tom Mutters, der Gründer, ein Menschenfreund war, der die Überzeugung von der Würde aller Menschen in seinem Tun lebte und als Person verkörperte. Als Gründer der Lebenshilfe hat er eine neue Ära für Menschen mit geistiger Behinderung in Deutschland begründet, visionär und voller Engagement.

1 | Amsterdam
Kindheit und Jugend

Tom Mutters hat das Leben gelebt. 99 Jahre lang. Mit voller Wucht, Kraft, Humor, aber auch mit leiser Demut. Er hat die lebenswerten Dinge genossen und immer versucht, alles Störende und Unerfreuliche mit Optimismus und positivem Denken zu überwinden. Bis wenige Wochen vor seinem Tod aß er mit Genuss seine Schokoladenkekse und trank seinen Milchkaffee. Er hat das Leben geliebt und er besaß die besondere Gabe, andere mitzureißen. Es ist dieses Lächeln, von dem alle, die mit Tom Mutters zu tun hatten, immer wieder berichten. Genauso wie von seinem vereinnahmenden Wesen, wenn er sich ihnen vorstellte und das S ein bisschen zischend klang wie SCH: »Tom Muttersch«.

Geboren wird er in einer Zeit, als die Welt des noch jungen 20. Jahrhunderts aus den Fugen gerät. Die europäischen Völker liegen sich in Schützengräben gegenüber und führen einen Krieg mit bis dahin ungekannter Brutalität. Trommelfeuer und Giftgaseinsatz an den Fronten fordern – genauso wie Hunger und Not in der Heimat – am Ende Millionen Todesopfer.

1917 treten die Vereinigten Staaten von Amerika in den Krieg ein und sorgen für eine entscheidende Wende. In Russland fegt die Revolution den Zaren hinweg. Noch ist in Berlin Kaiser Wilhelm II. an der Macht, doch die alte Ordnung steht vor dem Untergang.

Als Tom Mutters am 23. Januar 1917 in Amsterdam das Licht der Welt erblickt, herrschen grimmiger Frost und heftiger Schneefall. In Holland regiert Königin Wilhelmina. Durch ihre Neutralität im Ersten Weltkrieg bleiben die Niederlande von direkten Kampfhandlungen verschont. Allerdings werden auch dort die wirtschaftlichen Nachwirkungen spürbar. Lebensmittel werden knapp,

Menschen arbeitslos. Dennoch, oder vielleicht gerade deshalb, dominieren Geselligkeit und Gemeinschaftssinn den Alltag. Autos gibt es wenige, Fahrrad und Pferd sind die vorherrschenden Transportmittel. Gemüsehändler fahren ihre Ware mit Hundewagen aus.

Tom (2. von rechts) mit seinen Schwestern Cobi, Rietje und Kitty (1924).

Tom wächst mit seinen drei Schwestern Cobi, Rietje und Kitty in der niederländischen Hauptstadt auf. Die Familie wohnt im historischen Stadtviertel Indisch Buurt, in einem Haus in der Madurastraat, im Erdgeschoss. Vater Jacobus ist »Bankwerker«, die niederländische Bezeichnung für Schlosser, in einer staatlichen Waffenfabrik, Mutter Zipje Hausfrau. Der Spielplatz der Kinder ist die Straße.

> *»Es war ein einziges Abenteuer, Schlagball spielen zwischen Gullydeckeln, auf den Bürgersteigen kikkeren und Stelzenlaufen im Wettstreit mit den Mädchen.«*

In den Grachten lernen die Kinder im Sommer an Hilfsangeln hängend das Schwimmen. Im Winter frieren die Kanäle zu und die Zeit der hölzernen Schlittschuhe beginnt. Ein Kissen unter den Po und einen Kinderstuhl vor sich hergeschoben, und los geht's. Kuchenverkäufer bieten auf den Eisbahnen Koeken und Zopies, eine damals sehr beliebte Art Anismilch, feil.

> *»Mitunter kam ein dickbauchiger Händler mit einer Blechtrommel zu uns, der laut rufend, manchmal sogar fast singend, seine ›Berliner Bollen‹ anpries.«*

In der Familie Mutters werden leidenschaftlich gemeinsame Spiele gespielt. Etwa abends nach dem Essen, da spielt man auch mal um Süßigkeiten, die natürlich heiß begehrt sind. Man sitzt gerne zusammen. Es wird viel musiziert. Der kleine Tom lernt Geige.

Schon früh macht es ihn ein bisschen stolz, anderen helfen zu können. So fährt er als großer Bruder seine jüngere Schwester eine Zeit lang morgens mit dem Fahrrad in die Openluchtschool, eine Freiluftschule. Kitty ist gesundheitlich angeschlagen und ihr Weg zur Schule weit. Erst nach verrichtetem Fahrdienst geht Tom in sein näher gelegenes Jungengymnasium.

Seine Fremdsprachen sind Deutsch, Französisch und Englisch. Der Abschluss an der höheren Handelsschule, wo er zusätzlich Spanisch lernt, ermöglicht ihm das Universitätsstudium der Pädagogik.

Viele junge Leute zieht es in ihrer Freizeit in Sportvereine, die sehr oft den Schulen angeschlossen sind. Auch Tom übt sich als Leichtathlet, spielt Baseball, Handball und erfolgreich in einer Korbballmannschaft. Später wechselt er sogar zu einem größeren Basketballverein. Rennen in selbstgebauten Seifenkisten stehen eine Zeit lang ebenfalls hoch im Kurs.

Nicht zu vergessen, liebt er das Fahrradfahren und macht dabei schon früh seine ganz eigenen Erfahrungen:

> *»Als ich glaubte, das Rad zu beherrschen, schloss ich eine Wette mit meinem Freund ab: Wer am schnellsten um den Häuserblock fahren würde. Er hatte das Rad seiner Schwester. Ich noch immer mein altes Damenrad. Natürlich tauschten wir die Räder, wie es Kinder oft so tun. Im Geschwindigkeitsrausch übersah ich ein entgegenkommendes Taxi. Das Unglück war geschehen. Mit Kopfverletzungen und Gehirnerschütterung erwachte ich im nahe gelegenen Krankenhaus. Das Fahrrad meines Freundes war nur noch ein Schrotthaufen. Die Eltern, die auch nicht mit Reichtum gesegnet waren, mussten den Schaden ersetzen. Wegen des hohen Blutverlustes musste ich viel Milch trinken, was ich überhaupt nicht einsah. Mir schmeckte sie nicht. Die Blume neben meinem Bett musste herhalten. Ob es ihr bekommen ist, habe ich nie festgestellt. Ein später erworbenes Tourenrad ließ aber diese Negativerfahrung schnell vergessen. So reihten wir uns ein in das Millionenheer von Radfahrern in Holland.«*

Ende der 1920er Jahre gerät auch das kleine Land zwischen Belgien und Deutschland in den Sog der Weltwirtschaftskrise. Die Arbeitslosenquote steigt von 1929 bis 1936 rasant an. Auf dem Höhepunkt der Krise, im Winter 1935/36, liegt sie bei 30 Prozent. Im Baugewerbe und einigen anderen Branchen sind sogar bis zur Hälfte aller Beschäftigten ohne Arbeit.

Das Einkommen von Toms Vater beträgt damals magere 18 Gulden pro Woche. Das reicht nicht für einen Urlaub mit den Eltern.

Der zweijährige Tom mit Schwester Rietje (1919).

Die sparen eisern, um die Kinder in den Schulferien wenigstens zu einem Bauern aufs Land schicken zu können. Dort lernt Tom nicht nur Buttern und Brotbacken, sondern auch den – mitunter nicht leichten – Umgang mit Tieren.

> »Natürlich war auch Reiten angesagt. Mühselig hatte ich ein massiges Pferd erklommen und war unendlich stolz, als es nach einem Klaps auf das Hinterteil loslief. Aber dann geschah etwas, das mir die Lust an der Reiterei für immer

Teenager: Tom mit seiner Schwester Rietje um 1930.

nehmen sollte. Der Gaul wurde von einer Wespe gestochen und begann plötzlich loszurennen. Im Galopp ging es durch den Obstgarten und ich flog in hohem Bogen sehr unsanft mit dem Kopf gegen einen Apfelbaum. Von Pferden hatte ich die Nase restlos voll.«

Schon früh entwickelt Tom ein besonderes Gespür für seine Umwelt. Er sieht hin, wo andere wegschauen. Er besitzt feine Antennen
für seine Mitmenschen.

> *»In der Erinnerung ist mir der Tod eines Nachbarmädchens*
> *geblieben. Oder Menschen, die im Ersten Weltkrieg Arme*
> *und Beine verloren hatten. Der Nachbarjunge mit der Ha-*
> *senscharte, der von anderen Kindern verspottet wurde. Oder*
> *aber die Mutter, die jeden Morgen ihre Tochter mit Down-*
> *Syndrom zur Schule oder Werkstatt brachte, wurde von uns*
> *Heranwachsenden als selbstverständlich wahrgenommen.*
> *All dieses ›Anderssein‹ blieb doch für mich unvergessen und*
> *nicht ohne Auswirkung auf mein späteres Leben.«*

Die wirtschaftliche Situation im Königreich Niederlande bleibt auch
in den späten 1930er Jahren angespannt. Hunderttausende Arbeits-
lose müssen zum Teil in bitterer Armut leben.

In dieser Zeit kann sich Tom als Student keine eigene Wohnung
leisten und er wohnt für einige Jahre im elterlichen Haushalt. Nach
seinem Hochschulabschluss und dem Erwerb der Lehrbefähigung
– mit dem Schwerpunkt Mathematik – ist er wie viele andere mit
der hereinbrechenden Arbeitslosigkeit konfrontiert. Außer recht
seltenem Privatunterricht für Kinder des Mittelstandes kann er nur
durch Vermittlung des Vaters einen Job in einer Waffenfabrik bekommen.

> *»Für kurze Zeit half ich in der Kalkulationsabteilung, mit*
> *spärlichem Entgelt, bereichert aber an Erfahrung und neuen*
> *Freunden.«*

Tom (2. von links) mit seiner Korbballmannschaft.

2 | Besatzungszeit und Untergrund

Der Zweite Weltkrieg bedeutet einen tiefen Einschnitt für die Familie Mutters. Am 10. Mai 1940 überfällt Nazi-Deutschland die Niederlande. Zwei Brüder von Toms Vater fallen bei den Kriegshandlungen. Nach dem Einmarsch der Wehrmacht greifen Terror und Rassenwahn auf das ganze Land über.

Tom arbeitet während der Besatzungszeit als Aushilfe bei der Amsterdamer Stadtverwaltung. Gleichzeitig ist er im Untergrund aktiv.

Nur wenige Kilometer von der Prinsengracht 263, dem Versteck von Anne Frank, entfernt, helfen auch die Mutters jüdischen Familien.

»Mit einer Selbstverständlichkeit und ohne jede Diskussion versteckten die Eltern den jüdischen Freund meiner Schwester mehr als zwei Jahre in der eigenen Wohnung. Drohte Gefahr, verschwand er für einige Zeit unter dem Fußboden eines Nebenraumes. Aufrecht zu stehen war dort unmöglich, da in Holland die Häuser wegen des hohen Grundwasserspiegels nicht unterkellert sind. Ein Verlassen der Wohnung hätte jedoch eine lebensgefährliche Bedrohung bedeutet. Da dieses Eingesperrtsein auf engstem Raum für den Freund auf Dauer fast unerträglich wurde, wagte er während einer vermeintlich weniger gefährlichen Besatzungsperiode einen Ausflug zu einem Bauernhof im Landesinneren. Dieser Ausflug sollte aber dem jungen Mann zum tödlichen Schicksal werden. Obwohl er von uns mit gefälschten Ausweispapieren versehen wurde, verdächtigte man ihn bei einer Kontrolle als Jude und führte ihn zum Verhör ab. Wie wir später erfuhren, hatte man ihn schwer misshandelt und schließlich

totgeschlagen. Die nationalsozialistischen Besatzer gingen immer brutaler vor. Ablehnung und Hass richteten sich unter uns und unseren Freunden fortan gegen alles, was mit Deutschtum in Verbindung gebracht wurde.«

Im Alltag begegnet auch Tom deutschen Staatsangehörigen, die in der besetzten Hauptstadt tätig sind und er wird mit einer unmenschlichen Ideologie konfrontiert.

> *»Eine besondere Begegnung mit einer jungen Frau aus Norddeutschland ist mir da in Erinnerung geblieben. Wir unterhielten uns über Kunst und Musik, die in den Niederlanden wie auch in Deutschland stark durch jüdische Künstler geprägt waren. Als der Name Mendelssohn Bartholdy fiel, empörte sie sich: ›Nie kann ein Jude gute Musik machen, Juden können keine Künstler sein.‹ Diese, so felsenfest vertretene Meinung, war mir völlig unverständlich und nicht nachvollziehbar. Mir wurde erst später klar, wie beeinflussbar Menschen, vor allem aber auch Kinder und Jugendliche, sind.«*

Je länger die Besatzungszeit andauert, desto grausamer werden die Methoden der deutschen Militärpolizei: Jüdische Freunde, Bekannte, Verwandte und Nachbarn werden aus ihren Wohnungen geholt und auf Lastwagen abtransportiert.

> *»Bei allem Hass, der den Besatzern entgegengebracht wurde, war die Ermordung eines Teils unserer jüdischen Bevölkerung, die Ermordung von Männern, Frauen und sogar Kindern für uns unvorstellbar. Sogar in Untergrundkreisen war das ganze Ausmaß dieser Schändlichkeiten zunächst nicht bekannt.«*

Tom Mutters wird Zeit seines Lebens nicht weiter über die Kriegsjahre und seine Rolle im Untergrund sprechen. Nicht einmal mit seiner Familie.

Fest steht, dass er vom 13. März 1943 bis 30. März 1945 Zwangs-arbeiter bei Carl Zeiss in Jena gewesen sein muss. Unterlagen aus der Zeit des Dritten Reiches, die heute im Archiv des International Tracing Service (ITS) in Bad Arolsen aufbewahrt werden, belegen dies. Der Name Tom Mutters wird dort unter anderem in einer Liste mit holländischen »Zivilarbeitern« unter Nummer 505 aufgeführt. In einem Schreiben des Rates der Stadt Jena wird seine Tätigkeit in einem Carl-Zeiss-Werk bestätigt. Offiziell war er »Nachkalkulator«. Während dieser Zeit wohnt Tom gemeinsam mit seiner ersten Ehe-frau Maria in der Alten Straße 15 in Lobeda, heute ein Vorort von Jena. Tom und Maria Leymond hatten am 18. April 1940 in Amster-dam geheiratet.

Ob die beiden wie Hunderttausende anderer Niederländer nach 1942 zur Arbeit gezwungen wurden oder ob sie durch Toms Kon-takte zum Untergrund bereits damals im Auftrag der Amerikaner ins Deutsche Reich kamen, bleibt ungeklärt.

Es gibt jedoch Hinweise darauf, dass Tom nach dem Einmarsch der US-Truppen in Thüringen im April 1945 – möglicherweise aber auch schon früher – in deren Auftrag mit seiner Kamera Verbrechen in den Konzentrationslagern dokumentierte. Er sprach mehrere Sprachen und war ein guter Fotograf. Seine Bilder aus dieser Zeit sind jedoch verschollen.

Tom und Maria gehen nach Kriegsende zurück in ihre Heimat, wo 1946 Tochter Marijke geboren wird. Tom übernimmt die Leitung eines Schulfilminstituts in Amsterdam. Im Alter von 29 Jahren hat er bereits zwei Weltkriege erlebt und gesehen, zu welchen Grau-samkeiten Menschen in der Lage sein können. Er sieht die Not der Menschen im Nachkriegseuropa und beschließt, zu helfen:

> *»Aus dem verbliebenen, wirtschaftlichen und menschlichen Chaos musste neues Leben erweckt werden. Aber wie und wo beginnen? Frauen, von denen viele ihre Männer im Krieg verloren hatten, griffen zur Schippe und Schaufel, um ihre zerstörte Welt wieder aufzubauen. Aber die Arbeit die-ser sogenannten Trümmerfrauen schien nur geringe Wir-*

*kung zu haben. Zu groß war die Depression angesichts der
sie umgebenden katastrophalen Verwüstungen. Dennoch
erwachte allmählich der Hoffnungsfunke auf eine neue Le-
benswirklichkeit.«*

Auch in den Niederlanden, von Deutschland annektiert und aus-
geraubt, hat dieser Krieg tiefe und schmerzhafte Wunden hinterlassen. Freunde aus der Schulzeit, aus Sportvereinen sowie aus
Familien- und Gesellschaftskreisen waren fort – umgebracht in den
Gaskammern der KZs.

Auf dem Gebiet des untergangenen Deutschen Reiches beginnt
man, aus den Trümmern neue Strukturen, neues Leben aufzubau-
en. Aber wer sollte sich der Millionen Flüchtlinge und verschleppten
Personen, die den Wahnsinn des Krieges überlebt hatten, annehmen?

Die Vereinten Nationen versuchen, Programme und Hilfsorganisationen für diese Menschen ins Leben zu rufen. Freiwillige aus
ganz Europa kommen nach Deutschland, um zu helfen. Tom lässt
sich von dieser Aufbruchstimmung anstecken. Er will dabei sein.
Auch privat gibt es einen Neuanfang. Tom und seine erste Frau
Maria trennen sich. Über seinen Cousin Fritz kommt er schließlich
zu den Vereinten Nationen und wird im Kindersuchdienst, dem
»Child Search Branch« im Auftrag der International Refugee Organisation (IRO) eingesetzt.

> *»Ich kam im Dezember 1949 nach Deutschland. Ich wollte
> Menschen helfen, die aus den Konzentrationslagern befreit
> worden waren. Ich war auch sehr an den Schicksalen der
> Flüchtlinge interessiert. Ich hatte negative Gefühle gegen-
> über der deutschen Bevölkerung. Das ist ein Fehler, den man
> macht: Ein Regime in einem Land überträgt man oft auch auf
> die Bevölkerung. Das ist nicht gut. Ich fühlte mit den Flücht-
> lingen, den Menschen, die ihre Heimat verlassen mussten
> und den Menschen, die die Konzentrationslager überlebt
> hatten. Meine skeptische Haltung änderte sich, als ich hier in
> Deutschland war und die Menschen hier kennenlernte.«*

3 | Im Dienst der Vereinten Nationen

Der Zweite Weltkrieg endet mit der bedingungslosen Kapitulation des Deutschen Reiches. Europa ist verwüstet. Millionen Menschen sind heimatlos, vertrieben oder verschleppt. Deutschland liegt in Trümmern.

Ein Kapitel gehört zu den besonders großen Tragödien des 20. Jahrhunderts: die Situation der sogenannten Displaced Persons (DPs). Wer nach Zerstörung, Holocaust, Tod und Verderben noch am Leben war, gehörte nicht selten zu jenen Menschen, die keine Heimat mehr hatten. Über zehn Millionen von Hitler-Deutschland verschleppte DPs befanden sich am Ende des Zweiten Weltkriegs in Europa – unter ihnen KZ-Häftlinge, heimatlose Ausländer, Fremdarbeiter, Kriegsgefangene. Die Nazis hatten sie zwischen 1939 und 1945 als Arbeitssklaven verschleppt, um die deutsche Kriegsmaschinerie am Laufen zu halten. Herausgepresst aus der Zivilbevölkerung der besetzten Gebiete waren sie nach der Befreiung durch die Alliierten gerade noch dem Tod entronnen und hatten nichts – außer ihren traumatischen Erlebnissen.

Zum »hohen alliierten Kriegsziel« erklärte ein Memorandum des Obersten Hauptquartiers der Alliierten Invasionsstreitkräfte (SHAEF) die Befreiung, Versorgung und Rückführung aller Verschleppten in ihre Heimat. Dazu gehörte, dass in kürzester Zeit entsprechende Lager auf deutschem Boden zu errichten seien. Die US-Armee hatte in ihrer Besatzungszone die Versorgung mit rund 2.200 Kalorien pro DP täglich sicherzustellen. Ein unbeschreiblicher Kraftakt stand den Besatzern bevor.

Besonders dramatisch war die Lage für eine besondere Gruppe dieser DPs. Die Schwächsten waren die zurückgelassenen Kinder.

Die Internationale Gemeinschaft erkannte deren Leid und richtete einen eigenen Kindersuchdienst ein – im Auftrag der International Refugee Organization (IRO), einer Sonderorganisation der UN. Sie wurde 1946 als Nachfolge der UNRRA (United Nations Relief and Rehabilitation Administration) mit dem Ziel gegründet, Überlebende des Holocaust und ehemalige Zwangsarbeiter in ihre Heimatländer zu bringen oder aber eine Auswanderung aus Deutschland zu organisieren.

In der Präambel des sogenannten »Child Search Branch« sind die Ziele festgehalten:

> »Seit 1945 hat zuerst die UNRRA und danach die IRO sich mit dem Problem der verwaisten Kinder auseinandersetzen müssen. Dabei handelt es sich um das Auffinden von unschuldigen Opfern des Nationalsozialismus, von entführten Kindern der Alliierten sowie Kindern ohne deutsche Staatsangehörigkeit, welche durch Kriegsvertreibung ihre Eltern verloren haben. Hierbei besteht die Aufgabe darin, die Kinder zu identifizieren, deren Staatsangehörigkeit zu etablieren, dieses zu dokumentieren und, wenn notwendig, die Suche nach deren Familien einzuleiten, damit diese wieder mit ihren Eltern oder Verwandten zusammengeführt werden können.«

Als Child Search Officer hilft Tom dabei, diese Ziele der Vereinten Nationen umzusetzen. Es ist eine Herkulesaufgabe, Vermisste und Suchende aus einem Millionenheer wieder zusammenzubringen. Ende 1949 bezieht er sein IRO-Regionalbüro für Nordhessen in der Schulstraße in Marburg an der Lahn. In der oberhessischen Kleinstadt haben zu dieser Zeit die Amerikaner das Sagen. Marburg ist während des Zweiten Weltkrieges kaum zerstört worden. Durch die zentrale Lage mitten in Deutschland und die gut erhaltene Infrastruktur wird die Universitätsstadt zum Knotenpunkt der Flüchtlingstrecks. Marburg ist Hafen für Flüchtlinge und Vertriebene. Doch auch hier ist Wohnraum Mangelware. Hunger und Armut heizen die sozialen Spannungen an.

Als Tom Mutters 1949 nach Marburg kommt, ist die mittelhessische Stadt ein Sammelbecken für gestrandete DPs. Zahlreiche Lager wie dieses im Schatten des Landgrafenschlosses werden errichtet.

Von hier aus ist Tom Mutters verantwortlich für das Gebiet Nordhessen und sucht nach vermissten Kindern und deren Eltern. Auch Jahre nach Kriegsende sieht er bei seinen Besuchen in unzähligen Flüchtlingslagern Leid und Elend. Er begegnet verzweifelten Insassen und ohnmächtigen Helfern.

In Marburg wohnt Tom im Hauptquartier der US-Army am Ortenberg. Er besitzt einen unstillbaren Hunger, etwas zu bewegen. Die Nazis sind besiegt und als UN-Officer genießt er das Gefühl, die Dinge in die Hand nehmen zu können. In Marburg fühlt er sich wohl, dort lernt er seine Ursel kennen.

4 | Ursel: Lehrerin und Ratgeberin

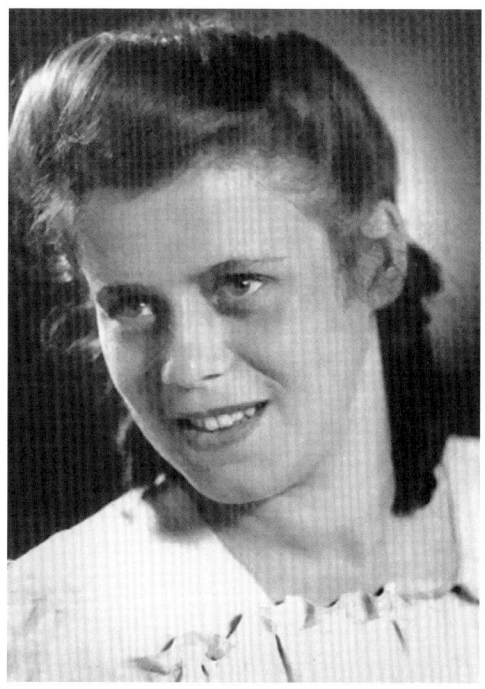

Ursula Bruckhoff (1949).

Ohne Ursula Bruckhoff ist das Lebenswerk, das untrennbar mit dem Namen Mutters verbunden ist, nicht denkbar. Nicht nur als Deutschlehrerin und Ratgeberin für Tom ist die Pädagogin gefragt. Gemeinsam erarbeiten die beiden wegweisende Wohn- und Betreuungskonzepte mit Modellcharakter für behinderte Menschen. Sie ist es auch, die in finanziell schwierigen Zeiten für den Unterhalt der Familie sorgt und Tom auf ihrem Moped zur Universität, an der er zum Sommersemester 1958 das Studium der Psychologie aufnimmt, chauffiert. Gleichzeitig kümmert sie sich um die vier Söhne.

Geboren wird Ursula am 1. August 1926 in Wuppertal als Tochter und einziges Kind von Anna-Katharina und Paul Bruckhoff. Sie besucht das Mädchengymnasium, das Lyzeum. Vater Paul arbeitet hier in der Stadtverwaltung. Die Großeltern leben in Marburg. Ursula wächst behütet auf. Sie ist ein musikalisches Kind, lernt Geige und Flöte. Nachdem die Nationalsozialisten 1933 an die Macht gelangen, bekommen auch die Bruckhoffs den faschistischen Terror zu spüren. Als Teenager muss Ursula miterleben, wie ihr Onkel Willy eines Tages abgeholt wird. Er leidet an Schizophre-

Sportlich: Ursula im Handball-Dress.

nie. Später wird sie erfahren, dass er in der Gaskammer der »Heil- und Pflegeanstalt« Hadamar bei Limburg umgebracht wurde. Den Eltern teilte man damals mit, er sei an Herzversagen gestorben.

Doch damit nicht genug: Als 16-jähriges Mädchen erlebt sie die verheerenden Angriffe der Alliierten auf Wuppertal. Ende Mai 1943 fallen die ersten Bomben. »Die Schüler der Oberstufe hatten immer Nachtwache und ich war auch eingeteilt. Wir saßen an einem schönen Maienabend vor der Turnhalle. Der Jasmin duftete. Schon am Nachmittag waren Aufklärungsflieger über der Stadt aufgetaucht. Es waren Engländer, die erkannten wir an dem Kreis auf den Flügeln. Das störte aber keinen. Bis dahin war noch nichts passiert. Und dann, am späten Abend, gab es plötzlich Alarm. Die Sirenen heulten und alle rannten in die Keller. Wir nicht, wir saßen wie gebannt im Schulgarten. Der Himmel öffnete sich, als ob tausend Sterne herunterfielen. Die hatten lauter kleine Fallschirme mit Lichtern dran, direkt über der Stadt. Es war wie im Märchen, grausamschön. Dann folgten die Einschläge. Es war furchtbar. Die Kirche, Häuser, ganze Straßenzüge gingen in Flammen auf. Als es vorbei war, lief ich voller Angst zurück zu meinem Elternhaus. Mutter kam mir entgegen. Wir fielen uns in die Arme. Überall Tote. Das Hausmeisterehepaar der Schule, das wir gut kannten, wurde ebenfalls bei dem Angriff getötet«.

Auch 70 Jahre später noch stockt ihre Stimme, als sie weitererzählt: »In meinem Zimmer fand ich einen Metallstab in Form eines Bleistiftes, nur größer. Der war durchs Fenster geflogen. Ich habe das Datum zur Erinnerung drauf geschrieben und ihn im Kleiderschrank verstaut. Als dies wenig später meine Eltern sahen, warfen sie das Ding sofort in den Garten. Dort explodierte die Brandbombe. Ich war wie erstarrt.«

Bei dem Großangriff erhält auch das Lyzeum einen Volltreffer. Ursulas Klasse wird nach Erfurt verschickt. Dort macht sie 1944 ihr Abitur.

Anschließend wird sie in den Arbeitseinsatz berufen und muss in einer Fabrik Kompasse für den sogenannten Fieseler Storch, ein einmotoriges Kurierflugzeug, zusammenbauen. Obwohl es strengstens verboten war, kommt sie auch in Kontakt mit russischen und polnischen Zwangsarbeitern: »Da war ein Lager und wir steckten ihnen heimlich Brot zu. Ich erinnere mich an ihre dankbaren Gesichter.«

Den Untergang des faschistischen Regimes erlebt Ursula Bruckhoff als Befreiung: »Ich habe mich nie wirklich politisch engagiert. Wir waren aber alle froh, dass die Nazis weg waren.«

Als der Krieg vorüber ist, kommt es zur Einlösung einer familieninternen Abmachung: »Wenn alles vorbei ist, treffen wir uns in Marburg«, hatten die Bruckhoffs vereinbart. Und so kommt es, dass Ursula in den Nachkriegswirren ihre Mutter Anna-Katharina bei ihren Großeltern in der Lahnstadt wiedersieht. Ihr Vater, der bereits im Ersten Weltkrieg vor Verdun ein Maschinengewehr-Kommando geführt hatte, kommt direkt aus Norwegen nach Marburg. Dort hatte er – erneut als Soldat eingezogen – in einer Schreibstube Dienst absolvieren müssen. Alle haben den Krieg unversehrt überstanden.

Ursula bleibt in der Universitätsstadt. Sie will Ärztin werden. Doch bei der Vergabe dieser Studienplätze heißt es: »Männliche Kriegsteilnehmer werden bevorzugt«. Kurzerhand beschließt sie gemeinsam mit ihrer Freundin Ilse, eine Lehrerausbildung zu machen. Beide wohnen bei der Großmutter in der Frankfurter Straße 35. Ursula spielt leidenschaftlich gerne Handball in der Marburger Stadtmannschaft auf dem Germania-Sportplatz an der Weintrautstraße. Die sportlichen Erfolge werden im Vereinslokal in Weidenhausen gefeiert.

Nebenbei wird fleißig gelernt. Ursula kommt an die Südschule als Praktikantin. Vier Jahre nach Kriegsende gilt es aber auch für sie, irgendwie durchzukommen. »Wir hatten zum Leben zu wenig und zum Sterben zu viel, also gaben wir Nachhilfeunterricht für Gymnasiasten. Ich half dem Sohn der Hotelbesitzer, den alle Bubi nannten. Als Lohn bekamen wir eine warme Mahlzeit, das Wichtigste damals. Meistens gab es Nudeln.«

Gespeist wird im »Hotel Hamburger Hof« in der Gutenbergstraße. Auch amerikanische Soldaten und Angehörige der Alliierten und Vereinten Nationen nehmen dort ihre Mahlzeiten ein. »Wir

Flott unterwegs: Ursula auf dem Motorrad.

saßen rechts – und links saßen Bekannte und Schulkollegen. Und da war er plötzlich auch dabei«, erinnert sich Ursula an die erste Begegnung mit ihrem Tom.

Der junge Mann ist nett und bei allen beliebt. Doch noch etwas anderes macht ihn interessant: »Er hatte einen Jeep, und jeder war scharf darauf, damit herumzufahren«, berichtet sie augenzwinkernd.

Wie an jenem Tag, als die ganze Clique einen Ausflug macht.

Ursula: »Mit fünf Leuten im Jeep fuhren wir zum Edersee. Auch Ilse und ich waren dabei. Der tolle Wagen ging unterwegs prompt kaputt. Mitten in dem kleinen Örtchen Vöhl mussten wir auf dem Marktplatz anhalten. Der Motor qualmte. Die Männer stiegen aus und beratschlagten. Wir Frauen aber liefen schnell zur gegenüberliegenden Apotheke und holten Wasser zum Löschen. Die Apothekerin lachte: »Während die Männer noch schwätzen, packen die Frauen an!« Ein unvergessliches Erlebnis, das uns von den Sorgen des Nachkriegs-Alltags ablenkte.«

Räuberleiter: Tom, Ursula und Freundin Ilse bei einer Kletterpartie.

Ursula kann sich dem Charme des jungen Officers Tom nicht entziehen. Sie werden ein unzertrennliches Paar. »Es war Liebe auf beiden Seiten.«

1950 absolviert Ursula in Fulda mit ihrer Freundin Ilse Lehrerseminare. Tom zieht ebenfalls in die Domstadt, denn auch dort hat die IRO ein Büro. 1951 geht es weiter nach Südhessen, wo Ursula ihre erste Stelle an der Volksschule in Langenselbold antritt. Tom hält nun Kontakt zum IRO-Headquarter in Frankfurt am Main.

Ursula und Tom heiraten im September 1951. »Unser Standesbeamte trug einen Schlips, an dem noch das Preisschild hing«, so Ursula lachend. 64 Jahre lang bleiben sie verheiratet.

Frisch verheiratet: Das junge Glück Anfang der 1950er Jahre.

5 | Goddelau und das Elend der Kinder

Die uralten Baumriesen hinter dem Eingangstor lassen ihre Äste bis auf den Boden hängen. Entfernt plätschert eine einsame Wasserfontäne. Eingebettet in eine verschlafene Parklandschaft stehen die Gebäude eines der ältesten psychiatrischen Krankenhäuser der Welt. Das ehemalige Philippshospital in Goddelau, heute ein Stadtteil von Riedstadt bei Darmstadt, strahlt eine friedliche Ruhe aus und scheint zur Erholung einzuladen. Das war nicht immer so.

Das im Jahr 1535 von Landgraf Philipp I. dem Großmütigen gestiftete »Hohe Hospital«, in dem »seelische Leiden« behandelt werden sollten, wurde von den Nationalsozialisten in einen Vorhof zur Hölle verwandelt. Von hier aus wurden 1941 insgesamt 596 geistig behinderte Menschen abtransportiert und in der Tötungsanstalt Hadamar bei Limburg ermordet.

Doch auch nach Kriegsende ist das Leiden nicht vorbei. Ende der 1940er Jahre dient die psychiatrische Anstalt in Goddelau als Sammellager für geistig behinderte Kinder von KZ-Überlebenden und Flüchtlingsfamilien.

In einem Verwaltungsabkommen zwischen dem IRO-Headquarter in Frankfurt am Main und dem Land Hessen wird 1951 vereinbart, dass für diese Kinder eine Bleibe im Philippshospital geschaffen wird.

Nach seiner Arbeit für die IRO in Marburg, Fulda und Frankfurt kommt Tom Anfang 1952 nach Goddelau. Die IRO hatte offiziell ihre Arbeit eingestellt. Von nun an arbeitet Tom als Verbindungsoffizier (Liaison officer) für den Hohen Flüchtlingskommissar der Vereinten Nationen (UNHCR).

Als er durch die Räume der Kinderabteilung in der Heil- und Pflegeanstalt geführt wird, bietet sich ihm ein Bild des Grauens.

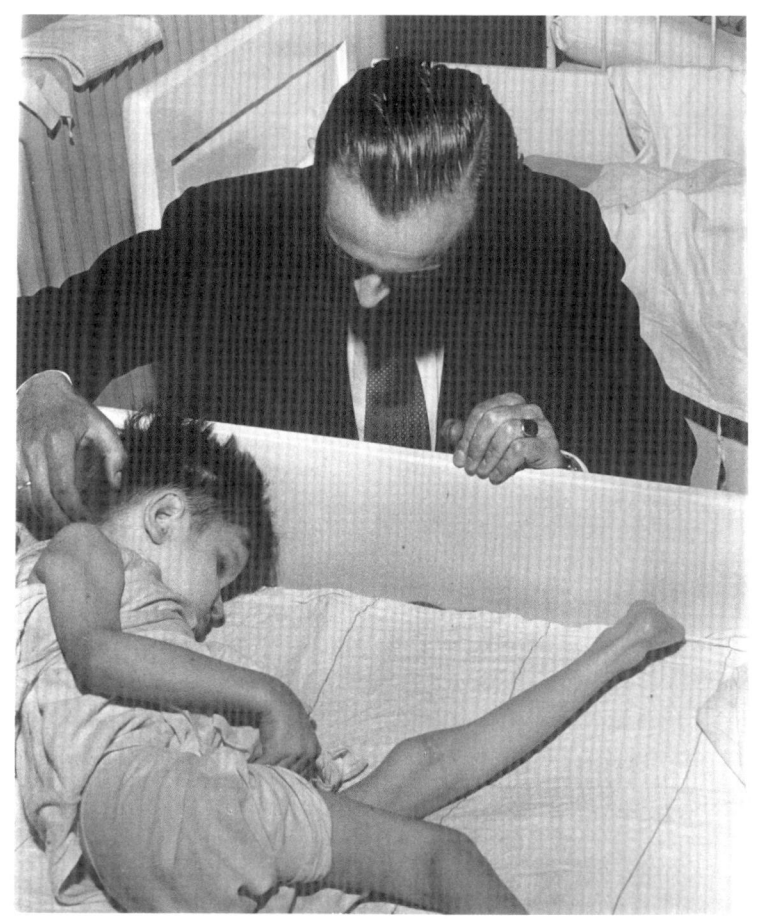

Tom am Bett eines Kindes im Philippshospital (1952).

Sein erster Besuch in Goddelau an jenem grauen Apriltag wird für den ausgebildeten Lehrer zum Schicksalstag.

»Es war ein Schock: Penetranter Gestank von Urin und Kot schlug mir entgegen. Es war die hoffnungslos erscheinende Lebenssituation dieser Kinder, die mein künftiges Leben und das meiner Familie total verändern sollte. Zunächst erschien mir alles trostlos und bedrückend; das Dorf mit seinen grau-

en, teils verfallenen Häusern, in dessen Nähe die mit Mauern umgebene Anstalt lag. Vergitterte Fenster, die eher den Eindruck eines Gefängnisses als einer Einrichtung zur Hilfe für behinderte Menschen erweckte. Und dann die Reihe dicht aneinander stehender alter Holzbettchen, in denen Kinder mit den verschiedensten, meist schweren Schädigungen lagen. Manche festgebunden, als einzigen Blickpunkt die weiße Zimmerdecke. Kein Spielzeug, nichts. Andere Kinder liefen teils nackt oder kaum bekleidet herum, neugierig und verwundert, den fremden Besucher anstarrend.«

Tom ist wie erschlagen angesichts dieses großen Elends. Aus seiner niederländischen Heimat kannte er hingegen Kindergärten, Schulen, beschützende Werkstätten und Wohnstätten für Menschen mit geistiger Behinderung.

Und dann muss er auch noch die Stimme des Arztes ertragen, der ihm, dem Eindringling, selbstherrlich erklärt: »Herr Mutters, sehen Sie sich diese Kinder genau an und lassen Sie sich von mir als erfahrenem Arzt sagen, dass auch Sie als Pädagoge aus diesen Idioten keine Professoren machen können. Überlassen Sie die Sorge für diese Kinder uns und machen Sie sich hier mit Ihrer Familie eine schöne Zeit«.

Was er da gehört hatte, konnte der engagierte Pädagoge nicht fassen. Ausgerechnet ein Arzt wählte diese herzlosen Worte für die ihm anvertrauten Kinder. Es schlug wie ein Blitz bei ihm ein: Er wollte diesen Kindern zu einem menschenwürdigen Dasein verhelfen, koste es, was es wolle. Damit war sein künftiger Lebensweg bestimmt.

> *»Diese Kinder waren die Vergessenen, die einfach Beiseitegeschobenen, ohne Rechte. Ich wollte und musste versuchen, für sie und darüber hinaus für andere Menschen mit geistiger und mehrfacher Behinderung die Anerkennung der Menschenrechte einzufordern. In ihrer Hilflosigkeit und Verlassenheit haben die behinderten Kinder der Anstalt*

Im ersten Stock dieses Hauses auf dem Areal des Philippshospitals in Goddelau
bezieht Familie Mutters ihr Quartier.

*Goddelau mir ermöglicht, den wirklichen Sinn des Lebens
zu erkennen, und zwar in der Hinwendung zum Nächsten.«*

Gerade erst war ein neuer Flügel im Philippshospital für 30.000 US-
Dollar gebaut worden, finanziert von der Internationalen Flüchtlingsorganisation. Tom zieht mit seiner Frau Ursula in ein Haus auf
dem Gelände.

Er hat den Auftrag, sich um eine Gruppe von 56 geistig und mehrfach behinderten Flüchtlingskindern im Alter von 1 bis 17 Jahren zu
kümmern. Ziel ist die Zusammenführung zwischen versprengten
Kindern und Eltern.

Als er seine Anweisungen bekommt, denkt er nicht groß darüber
nach. Ihn, den Pädagogen reizt vielmehr die »Kombination von so-

zialen, psychologischen und medizinischen Aspekten« dieser neu-
en Arbeit.

Dass ihm im Umgang mit behinderten Menschen noch jegliche
Erfahrung fehlt, stört ihn nicht. Seine Stelle ist zunächst auf ein Jahr
befristet. Das würde er schon schaffen.

Doch dieser Tag, an dem Tom Mutters zum ersten Mal das
Philippshospital besucht, verändert alles. Nicht nur sein eigenes Leben bekommt eine neue Wendung, auch in der Geschichte der sozialen Fürsorge in Deutschland wird ein neues Kapitel aufgeschlagen.

Bis dahin wurden Menschen mit geistiger Behinderung als »Dep-
pen« und »Idioten« bezeichnet, in den Augen von Medizinern und
Wissenschaftlern waren sie unheilbar krank und sollten wegge-
schlossen werden. Zwischen den verschiedenen Graden der Behinderung wurde damals nicht unterschieden.

> *»Mit Beginn meiner neuen Aufgaben war mir eigentlich sehr*
> *schnell klar geworden, dass nicht alle Kinder gleich schwer*
> *behindert waren. Es musste eine Möglichkeit geschaffen*
> *werden, kleinere Gruppen in verschiedenen Räumen unter-*
> *zubringen. Neue Möbel, Klappbetten, die Spielraum schaff-*
> *ten, Gardinen an den Fenstern und vor allem Spielzeug*
> *verhalfen zu einer einigermaßen wohnlichen Umgebung.*
> *Ozongeräte und neue Betten mussten den penetranten*
> *Geruch Jahrzehnte alter Krankenlager vertreiben.«*

Tom wirbt dabei unablässig um Unterstützung. US-Soldaten des
517. Engineer Combat Batallion und die Damen des »Women Wel-
fare-Unit-Clubs Rhein-Main« hatten 1953 einen größeren Geld-
betrag gesammelt, mit dem sie die Goddelau-Kinder zu Weihnachten glücklich machen wollten. Die Seargents Brooks und Carbone
fahren gemeinsam mit Tom eine Woche vor dem Fest mit einem
Truck und dickem Geldbeutel zum Weihnachtseinkauf. Als er-
stes werden ein schöner Radioapparat mit Plattenspieler und die
neuesten Schallplatten gekauft. Von dem restlichen Geld kommen
Wäsche, Strümpfe, Spielsachen, Schuhe und manches andere dazu.

Langer Marsch: Lebensmittel für den täglichen Bedarf holte man im benachbarten Goddelau. Sohn Reinier trägt stolz die Milchkanne.

Captain Bussey, der gleichzeitig als Flugzeugführer eingesetzt ist, sorgt an Heiligabend für eine weitere Überraschung: Er kommt mit einem Hubschrauber und überbringt persönlich die Geschenke – als Weihnachtsmann verkleidet. Die Kinder und andere

Patienten trauen ihren Augen nicht, als die Maschine direkt auf dem Sportplatz des Hospitals landet.

Anschließend gibt es in der festlich geschmückten Kinderabteilung für alle ein schönes Weihnachtsprogramm. Im Mittelpunkt steht eine von den Soldaten der Kompanie C selbst gebackene Riesentorte.

Auch der Flüchtlingskommissar der Vereinten Nationen erfährt davon. Er entsendet einen Vertreter, um den Soldaten seinen Dank auszusprechen. Dabei fällt das Wort Spielplatz. Die Soldaten stecken die Köpfe zusammen, und nur ein paar Tage später fährt schweres Gerät vor. Nach wenigen Stunden haben viele fleißige Hände Wippen, Rutschbahnen und eine Schaukel aufgebaut. Zu Beginn des Sommers spielen die Kinder in der Sonne. Der Gefreite Eugen Philipps von der 507. Engineer Bataillon hatte ihnen sogar ein echtes Kinderauto mitgebracht.

Tom lässt auch eine Voliere bauen und ein Aquarium aufstellen. Die Kinder sollen lernen, kleine Pflichten zu übernehmen.

Er lässt Räder unter die Patientenbetten montieren, damit die spastisch gelähmten Kinder auf die Terrasse gefahren werden können. Er füllt die Schränke mit Wäsche und Kleidern, kauft Höhensonnen und verbessert die Verpflegung.

Die Kinder blühen förmlich auf. Als Tom dann noch mit einem Ponywagen vorfährt, leuchten ihre Augen. Auf den regelmäßigen Ausflügen in die Umgebung entkommen sie dem eintönigen Klinikalltag.

Tom ermöglicht es den Kindern, eine neue Welt, jenseits der dunklen Anstaltszimmer, kennen zu lernen. Sie werden erstmals als Menschen wahrgenommen. Plötzlich kümmert sich jemand um ihre Belange, spricht mit ihnen und spendet Trost. Er wird Vater, Vormund und Erzieher in einer Person.

Auch um die Verbesserung der Arbeitsbedingungen und die Qualifizierung des Personals kümmert er sich. Er organisiert Fortbildungen und Ausflüge. Der Vertreter des Flüchtlingsdienstes des Ökumenischen Rates der Kirchen für Deutschland, Harold Bonell, berichtet 1955 in einem Informationsblatt der »World Council of Churches« von dem Wirken des Holländers: »Ein Mensch wie

Tom Mutters wirkt ansteckend in seiner Güte und Aufopferung. Die Pflegeschwestern, die unter der alten Ordnung am Ende ihrer Kräfte waren, erkennen nun erst den Sinn hinter ihrer schweren Arbeit.«

Toms Anwesenheit als internationaler Vertreter und Beobachter einer UN-Organisation stößt allerdings auch auf Argwohn unter der Ärzteschaft im Hospital. Doch das kann den eifrigen Holländer nicht aufhalten.

>   *»Natürlich konnten sie nichts gegen meine Arbeit unter-*
>   *nehmen. Ich hatte als UN-Mitarbeiter quasi einen Sonder-*
>   *status.«*

Im Laufe der Zeit gelingt es ihm, immer breitere Kreise für das Schicksal der »Goddelau-Kinder« zu interessieren. Berichte in Zeitungen und Zeitschriften vieler Länder tragen dazu bei, das Pro-

Neue Spielgeräte sorgen für Abwechslung im bis dahin grauen Klinikalltag.

Strahlende Kinderaugen: Tom organisiert den ersten Ausflug mit dem Ponywagen.

blem dieser Kinder bekannt zu machen, die Hilfe für sie zu verbessern und dem Pflegepersonal in vielfacher Weise die Arbeit zu erleichtern. Besucher aus aller Welt überzeugen sich in Goddelau vom Wirken des jungen holländischen Pädagogen. Unter ihnen sind Vertreter internationaler Wohlfahrts- und Fachverbände, Angehörige von Frauenclubs und der Amerikanischen Armee, Vertreter des Weltkirchenrats und anderer internationaler kirchlicher und pädagogischer Verbände aus Holland, England und Schweden. Auch der belgische Geistliche und Friedensnobelpreisträger Pater Pire kommt nach Goddelau.

> *Fazit dieser Goddelau-Episode und der dort gemachten Erfahrungen: Bürokratischer Starrsinn und herablassendes, inhumanes Denken und Handeln Schwachen und Wehrlosen gegenüber wirken sich zwangsläufig vielfach verheerend auf deren Lebensgestaltung aus.«*

6 | Nadia

Nach dem Ende des Zweiten Weltkrieges wollen zahllose Flücht-
linge und von den Nazis aus ihrer Heimat verschleppte Personen
Deutschland verlassen. Unter ihnen waren auch Nadia Serhas
Eltern. Nach wochenlanger Odyssee, auf der Nadia Schreckliches
erlebt haben musste, war ihre Familie in einem Barackenlager in der
Nähe von Darmstadt gestrandet.

Nadia kurz vor ihrer Auswanderung in die USA. Sie liest den übrigen Kindern in Goddelau
ein englisches Weihnachtsgedicht vor.

49

»Die aus der Ukraine stammende Familie wollte in Amerika ein neues Leben beginnen. Vater, Mutter und sechs Geschwister hatten ihre Visa in der Tasche. Nur Nadia bekam keines. Geistig behinderte Kinder durften nicht einwandern. So blieb Nadia in Deutschland zurück, ohne Familie, ohne Zuhause. Sie galt als verhaltensgestört und geistig behindert. Wegen ihres auffälligen, aggressiven Verhaltens musste sie schließlich in eine psychiatrische Anstalt eingewiesen werden und kam nach Goddelau. Ihre Familie war in der Zwischenzeit nach Denver/Colorado ausgewandert.«

Im Philippshospital war die 13-jährige Nadia eines der über 50 behinderten Flüchtlingskinder und Kinder von KZ-Überlebenden. Bevor Tom Mutters seine Stelle antrat, lebten sie zusammengepfercht in zwei kleinen Sälen. Die meisten von ihnen lagen ständig im Bett, weil sie schwer behindert waren und nicht gehen konnten. Es gab keine Beschäftigung für die Kleinen, kein Spielzeug, nichts.

Doch Tom gibt diese Kinder nicht auf. Er setzt alles daran, sie aus ihrem tristen Alltag zu holen und ihnen Bildung zu vermitteln.

»Vor allem ein Mädchen, Nadia, zeigte mir, dass meine Mühen nicht vergeblich waren. Durch Zuwendung und konsequente erzieherische Bemühungen gelang es mir, bei ihr ein gutes und offenbar auf Gegenseitigkeit beruhendes, warmherziges Verhalten zu entwickeln. So gewann ich langsam ihr Vertrauen und konnte ihr Vieles nahe bringen. Sie war bereit zu lernen. Nach einigen Monaten sprach sie sogar ein bisschen englisch. Natürlich gab es auch aggressive Ausfälle, die sich aber ausschließlich auf ihre Umgebung richteten, niemals gegen mich oder meine Familie. Ihr Lieblingslied war ›Ganz Paris träumt von der Liebe‹. Eine unbekannte Sehnsucht mag in ihr erwacht sein. In Gesprächen wurde mir klar, dass diese Sehnsucht ihrer Familie galt, die in Übersee eine neue Heimat gefunden hatte. Besonders verlangte sie immer wieder nach ihrer Schwester Maria.«

Tom versucht alles, um ein US-Visum für Nadia zu bekommen. Es war nicht möglich. Auch Gelder für die Überfahrt wurden von den zuständigen Stellen, bei denen er vorsprach, nicht bewilligt.

> *»Allerdings: Man erklärte sich bereit, für das Mädchen auf Lebenszeit alle Kosten zur Unterbringung und Versorgung zu übernehmen. Welch ein Amtsschimmel!«*

Doch auch diesmal bleibt Tom hartnäckig. Eine niederländische Schifffahrtsgesellschaft erklärt sich schließlich bereit, Nadia und einen Betreuer unentgeltlich mit dem Ozeandampfer »Groote Beer« nach New York zu bringen.

> *»Ich erklärte mich bereit, das Mädchen am 27. März 1957 zu begleiten. Die Überfahrt war sehr stürmisch. Da ich aus einer Seefahrerfamilie stamme, konnte ich die Wellen und den Sturm sehr gut ertragen. Nadia war völlig durcheinander. Sturm, Turbulenzen und hoher Wellengang machten ihr zu schaffen. Wie froh waren wir, endlich den ersehnten Hafen erreicht zu haben.«*

Überfahrt mit dem Ozeandampfer »Groote Beer« nach New York.

Dann die nächste Hiobsbotschaft: An Bord kommen Beamte der Einwanderungsbehörde. Mit der Begründung, das Mädchen sei ja offensichtlich psychisch und geistig behindert, wollen sie die Einreise verhindern. Nun war Phantasie gefragt.

»Da zeigte sich, welche Bedeutung internationale Kontakte haben können. Ich schaltete den internationalen Sozialdienst ein und ein zweiter Beamter wurde hinzugezogen. Dieser Arzt war selbst als tschechischer Flüchtling in die USA ausgewandert. Es stellte sich sogar heraus, dass wir uns aus der gemeinsamen Zeit in der internationalen Flüchtlingsarbeit kannten. Durch ihn wurde nunmehr ein zweites, positives Gutachten erstellt, welches die Zusammenführung der Familie ermöglichte. In Denver angekommen, erwartete uns die nächste wenig schöne Überraschung. Nadias Vater war

Brief aus New York: Tom schreibt Ursula regelmäßig und berichtet von den dramatischen Entwicklungen in den USA.

*in einer Trinkerheilanstalt gelandet und die Mutter in einer
sogenannten Siedlung für Asoziale untergebracht. Die beiden ältesten Töchter waren inzwischen weggezogen. Nadia
kam in einer Pflegefamilie unter. Bei einem späteren USA-
Besuch traf ich sie in einem fragwürdigen Wohnheim und
war maßlos enttäuscht zu sehen, was aus dem Mädchen
geworden war. Sie hatte einen abgemusterten Seemann als
Freund, keine Lust in einer Behindertenwerkstatt zu arbeiten und einen ausgiebigen Konsum an Zigaretten und Alko-
hol. Unsere gelegentliche Korrespondenz in Englisch brach
nach einiger Zeit ab. Ihr großes Verlangen nach Eltern und
Geschwistern ist ihr schließlich zum Verhängnis geworden.
Das Schicksal dieses Mädchens zeigt uns, wie sehr das Leben
geistig- und überhaupt Behinderter von der Umwelt geprägt
wird und abhängig ist. Weit mehr abhängig als das nichtbehinderter Menschen. Auch bürokratische Regelungen, so
notwendig sie auch sein mögen, können hier von ausschlag-
gebender Bedeutung sein. Diese in Goddelau gemachten Erfahrungen und Beobachtungen sollten für mich ungeahnte
Bedeutung gewinnen. Sie trugen später maßgeblich zur
Gründung der Lebenshilfe in Deutschland bei.«*

Andere Eltern, die ihr behindertes Kind zurücklassen mussten, haben es nie mehr wiedergesehen. Nadia war die Ausnahme. Tom
steht in regelmäßigem Briefwechsel mit vielen der ausgewanderten
und auseinandergebrochenen Familien. Was es für sie bedeutete,
durch Kriegsfolgen oder aufgrund erbarmungsloser Gesetze für
immer von ihrem Kind getrennt zu werden, wird in den folgenden
Zeilen deutlich. Eine litauische Familie schreibt an Tom:
»Die Leute, die nicht getrennt sind, können nicht verstehen, was
für ein Herzensleid es ist, wenn man darüber auch nur eine kurze
Weile nachdenkt. Die Tränen werden von unseren Gesichtern nicht
trocken. Ich kann unseren Schmerz nicht beschreiben. Algirdas ist
von unserem Herzen weggerissen. Im Kriege habe ich ihn auf mei-
nen eigenen Händen aus dem Feuer gerettet, als er noch zwei Jahre

alt war. Genauso war es, als wir aus unserer Heimat flüchten mussten. Niemand aber hat uns gesagt, dass wir ihn allein irgendwo zurücklassen müssten. Erst als wir emigriert waren, mussten wir unseren lieben Bruder und Sohn in fremden Händen lassen und sein armes Gesichtchen in jedem Teller und Löffel sehen. In jedem Land gibt es doch kranke und gesunde Leute. Warum denken die leitenden Personen darüber nicht mal nach?«

7 | Toms Vision

Tom hat in Goddelau seine Bestimmung gefunden. Von nun an setzt er alles daran, behinderten Menschen ein würdigeres, besseres Leben zu ermöglichen. Eine Vision lässt ihn nicht mehr los. Sein Ziel ist jetzt die Errichtung eines besonderen Heimes für geistig behinderte Kinder von Displaced Persons. Spätestens am Beispiel von Nadia sieht er sich in der Meinung bestätigt, diese Menschen nicht aufgeben zu dürfen. Auch bei ihnen besteht die Möglichkeit der Bildung. Nur bedarf es dafür größerer Anstrengungen.

Über die nach wie vor katastrophale Lage in den sogenannten DP-Camps in Deutschland rund zehn Jahre nach Kriegsende ist er entsetzt.

»*Das Bild, das wir in einigen Lagern gesehen haben, ist trauriger und entsetzlicher als ich aufschreiben kann. Es ist beschämend zu sehen, unter welchen Verhältnissen die ehemals Verschleppten jetzt noch leben müssen. Es wird noch viele Jahre dauern, ehe all diese Menschen ein menschenwürdigeres Unterkommen gefunden haben werden. Man schämt sich fast, wohl angezogen und aus einer behüteten und ordentlichen Umgebung kommend, in die Unterkunftsräume dieser Menschen einzudringen. Wenn man bedenkt, dass in diesem Schmutz und Dreck Kinder aufwachsen, die später unsere Zivilisation weitertragen sollen, könnte man bald verzweifeln. Mein erster Gedanke nach der Besichtigung eines solchen Lagers war: Man müsste alle Kinder, gesunde und kranke, hier rausbringen können; denn wie können die Großwerdenden je normale Mitglieder unserer gesellschaftlichen Ordnung werden? Die Erlebnisse solcher*

*Lagerkinder werden durch nichts in der Welt mehr ausge-
wischt werden können.«*

Tom wird nicht müde, in Briefen und Artikeln diese traurigen Ver-
hältnisse anzuprangern. Dabei nennt er immer wieder drei Beispiele dafür, welchen Einfluss die Umwelt auf die Entwicklung von
Kindern haben kann.

*»Tissakowa ist ein hochgradig schwachsinniges Kind und hat
drei Geschwister. Die Mutter kümmert sich nicht um ihre
Kinder und ist geschieden. Das Mädchen kann nicht laufen
und liegt meistens in einem Kinderwagen. Es wird betreut
von seinem 14-jährigen Schwesterchen Valentina, das gerade aus der Volksschule gekommen ist und nun zu Hause
bleiben muss, um auf das kranke Schwesterchen aufzupas-
sen und es zu versorgen. Vor der Tür spielt das etwa drei
Jahre alte Brüderchen, schmutzig und schlecht gekleidet. Es
ist ein unerträglicher Gestank, als die Tür geöffnet wird,
eine Frau im Schlafanzug hinter einer dreckigen Gardine
hervorkommt und sich schnell eine Hose überzieht. Sie hatte
gerade einen russischen Bekannten zu Besuch, mit dem sie
im Bett lag. Der Raum, worin ihr Bett stand, wurde von
einem kleinen Nebenraum getrennt durch eine schmutzige
alte Decke. Dort schlafen die Kinder. Es ist ein kahler, kal-
ter Raum mit nackten Wänden und einem Beton-Fußboden,
worin lediglich drei schmutzige Kinderbetten standen. In
dem Raum steht Valentina, die gerade ihr krankes Schwesterchen angezogen hatte und mit ihr im Kinderwagen spa-
zieren wollte. (…) Die Frau verbreitete einen üblen Geruch
und es war nicht auszuhalten (…) Die Frau empfängt dau-
ernd andere Männer in Anwesenheit der Kinder und trinkt.
Was soll nun aus solchen Kindern werden?«*

*»Valentina ist ein nett aussehendes Mädchen, das vielleicht
die Schlechtigkeiten, die sie fast täglich sieht und erfährt, als*

Selbstverständlichkeit auffasst (...) Man braucht sich nicht zu wundern, wenn sie in kurzer Zeit das Gleiche tun wird wie die Mutter und in der Gosse landet. Ob man die Mutter verurteilen kann? Ich weiß es nicht. Die meisten dieser Frauen sind als junge Frauen aus ihrer Heimat verschleppt worden, um die deutsche Kriegsmaschine auf Touren zu halten. Sie wurden in Lagern untergebracht und insbesondere die Ost-Arbeiterinnen sind oft nicht viel besser als Vieh behandelt worden. Am Tage mussten sie schwer schuften, verrichteten vielfach Männerarbeit und wurden dann abends wie eine Horde Vieh in ihren Barackenlagern eingeschlossen. Misshandlungen waren keine Seltenheit und für alle Welt waren sie durch ein Abzeichen auf ihrer schmutzigen Kleidung, worauf der Anfangsbuchstabe ihrer Nationalität stand, gekennzeichnet als eine Art Abschaum der Menschheit. Muss man sich wundern, dass solche Frauen nach jahrelangen Erniedrigungen und Entbehrungen abstumpfen und im Dreck landen?«

»Im Lager Lintorf bei Düsseldorf besuchten wir Familie S., wovon angeblich ein oder zwei Kinder nicht normal wären. Die Eltern sind Ukrainer. Als wir das Zimmer betraten, verschlug es uns den Atem. Ein derartiges Durcheinander hatten wir noch nirgendwo gesehen. Das große Zimmer war durch einen alten Schrank und ein Stück Decke aufgeteilt. Dazwischen war eine Kordel gespannt, an der stark nach Urin riechende Lumpen hingen. Im Vorderraum standen ein ganz alter Ofen, eine Kiste, die offenbar als Ablage benutzt wurde, ein kaputtes Fahrrad; und weiter lagen ein ganzer Haufen Lumpen und kaputte Spielsachen herum. Auf dem dreckigen Ofen lag ein angeschnittenes Brot und standen einige aus alten Blechdosen gemachte Näpfe, woraus man offenbar trank. Im zweiten Abteil trafen wir Frau S., die dabei war, die Wände mit Kalk zu weißen. Dort standen die Betten, soweit man sie als solche bezeichnen konnte. Einige bestanden

nur aus einem Stahlgerüst, worauf einige abgetragene Män-
tel gleichzeitig als Matratzen und Decken dienten. In ihren
Armen hielt sie ein ungefähr dreijähriges Kind, das in alten
Kleidungssachen gewickelt war und gerade eine Flasche Pe-
troleum leergetrunken hatte, die es erwischt hatte, während
die Mutter am Kalken war. Der Arzt sei schon da gewesen
und hätte gesagt, dass das Kind nichts essen dürfte und allein
Wasser trinken sollte. Als wir fragten, wo die Flasche denn
jetzt wäre, zeigte sie uns die niedrige Abortkiste, wo die Fla-
sche wieder griffbereit stand.«

Diese Eindrücke bestärken Tom in seinem Tatendrang. Tag für Tag
schreibt er Bittbriefe, um genug Geld zu sammeln. Die benötigte
Summe für den Bau eines Heimes für etwa 80 Kinder schätzt er auf
rund eine Million D-Mark – eine für die damalige Zeit immens hohe
Summe. Ein VW Käfer kostet im Jahr 1955 rund 3.800 D-Mark, ein
Zweipfünder Brot 68 Pfennige.

»Und wenn ich hundertmal umsonst bitten muss, um ein
einziges Mal Erfolg zu haben, wir dürfen diese 80 Kinder
nicht verloren geben. Die Geisteskrankheiten sind ein sozia-
les Problem, das jedem aufgegeben ist. Und wenn wir selbst
uns bemühen um die Ärmsten, die zu einem Leben auf totem
Gleis verurteilt sind, werden auch andere zu einer mensch-
licheren Einstellung diesen Kranken gegenüber kommen.«

Die Erfolge in Goddelau machen Tom Mut. In jener Zeit glaubte
man noch, dass die Unterbringung geistig behinderter Menschen
nur in großen Heimen oder in Anstalten möglich wäre, falls sie
nicht in der Familie verbleiben könnten. Aus seinem Heimatland
kannte Tom jedoch Einrichtungen, die nur tagsüber behinderten
Menschen Beschäftigung und Betreuung boten und somit die Familien entlasteten. Diese völlig neuen Perspektiven versuchte er, auch
in Deutschland umzusetzen.

»Gemeinsam mit meiner Frau entwarf ich die Konzeption des Heimes. Sie enthielt unter anderem Ideen, wie man aus pädagogischer Sicht mit den Kindern arbeiten könnte. Ich reiste mit Ursula nach Schweden, um mir Heime für geistig behinderte Menschen anzusehen. Diese waren vielleicht etwas besser als hier, jedoch hatten sie auch den Charakter einer Anstalt. Das gefiel mir nicht. Mein Heim sollte anders sein. Ich wollte ein kleines familienorientiertes Heim hier in Marburg gründen. Für mich ist die Familie der Grundstein der Gesellschaft. Dieses Denken spiegelt sich auch in der Konzeption des Kerstin-Heimes wider.«

Tom prescht vor und sucht Unterstützer für seine Idee. Wissenschaftler der Kinderpsychiatrie in Marburg werden auf ihn aufmerksam, darunter auch die Professoren Werner Villinger und Hermann

Papa Tom mit seinen Eltern und Sohn Reinier im Park von Goddelau.

Stutte, damals in ganz Europa anerkannte Koryphäen in ihrem Fach. Sie setzen sich zusammen und es folgen etliche Sitzungen zur »Errichtung eines Heimes für die Erziehung der geisteskranken/leistungsbehinderten Kinder der heimatlosen Ausländer in Marburg«. So lautet offiziell der Arbeitstitel. Auch diesmal sieht es so aus, als würde Toms Vorhaben schnell von Erfolg gekrönt werden.

Tom erhält auch internationale Hilfe, vor allem aus Schweden. Die spätere Namensgeberin des Kerstin-Heims, Kerstin Bjerre, war schon 1952 als Praktikantin in das Philippshospital nach Goddelau gekommen, wo sie Tom Mutters persönlich kennenlernte. Die Theologiestudentin hatte in ihrer Heimat durch den evangelischen Pfarrer Birger Forell von Toms Arbeit gehört. Forell setzt sich selbst für Flüchtlinge, Verfolgte, Vertriebene und Kriegsgefange ein. Bjerre nimmt Kontakt zu Tom auf, der sie wiederum nach Goddelau einlädt, wo sie mehrere Monate hospitiert. Er reist mit ihr durch Deutschland. Hier werden die beiden mit den Zuständen in den Flüchtlingslagern konfrontiert. Nach ihrer Rückkehr nach Schweden wird Kerstin Bjerre zu einer begeisterten Mitstreiterin. Sie ist ergriffen von Toms Umgang mit geistig behinderten Kindern im Philippshospital. Wie besessen wirbt sie in ihrer Heimat um Spenden für seine Vision. Sie spricht den schwedischen Bischof an und bekommt Unterstützung eines Pastors namens Daniel Cederberg. Presse und Rundfunk berichten über die Vorträge, die Kerstin Bjerre über die Lage der behinderten Kinder in Deutschland hält.

> *»Mit der Thelogiestudentin Kerstin Bjerre bin ich durch die Flüchtlingslager gereist. Sie war eine lange Zeit in Deutschland und hat auch das Leben der geistig behinderten Kinder in Goddelau kennengelernt. In ihrem Heimatland Schweden hielt sie dann viele Vorträge, um Geld zu sammeln. Durch ihre Mithilfe entstand das Kerstin-Heim.«*

Bjerre selbst schreibt in der Zeitung »Vär Kyrka« (»Unsere Kirche«, 14. April 1955) unter der Überschrift »Hopp för de hopplösa« (»Hoffnung für die Hoffnungslosen«):

Kerstin Bjerre (rechts) zu Weihnachten im Hause Mutters.

»Tom Mutters' Arbeit muss wachsen; sie droht ins Stocken zu geraten durch den Mangel an finanziellen Mitteln. Durch eine Reihe von niederländischen Zeitungen wurde im vergangenen Jahr eine große Summe gesammelt, aber es ist klar, dass Tom Mutters ungeduldig ist aufgrund der riesigen Bedürfnisse und der begrenzten Möglichkeiten. (…) Um die Arbeit am Laufen zu halten, wird eine jährliche Summe von 10.000 Mark benötigt. Die schwedische Lutherhilfe hat beschlossen, das Risiko einzugehen, diese Verantwortung zu übernehmen. Die Leser von ›Unsere Kirche‹ wollen sicher zeigen, dass dies auch getan wird. Spenden bitte an Lutherhilfe postgiro 90 02 56 Staffanstorp.«

Nächtelang arbeitet Tom gemeinsam mit seiner Frau Ursula Konzeptionen aus und entwirft Ideen, wie man aus pädagogischer Sicht mit den Kindern arbeiten könnte. Am 9. März 1956 verfasst er ein Memorandum zur Errichtung eines Heimes für bildungsfähige, geistig unterentwickelte DP- und Flüchtlingskinder. Es sollte helfen, die benötigten Gelder zu generieren. In der sogenannten »Denkschrift zu der Errichtung einer ›Söderblom-Kinder-Siedlung‹ für leistungsbehinderte, heimatlose Kinder in Marburg an der Lahn« heißt es:

»Seit einiger Zeit bemüht man sich, einer Gruppe heimatloser Kinder, welche dringend den negativen Einflüssen ihrer Umgebung entzogen werden müssten, ein ›Zuhause‹ zu schaffen, das ihnen die Möglichkeit geben wird, ihre Anlagen und Fähigkeiten in einer für sie selbst glücklichen und für die Gemeinschaft nützlichen Weise zur Entfaltung zu bringen. Es handelt sich hierbei vorwiegend um solche Kinder, deren Leistungsfähigkeit entweder durch konstitutionelle, beziehungsweise von sozialen Faktoren verursachten seelischen Störungen, gehemmt ist.

Zum Teil wohnen diese Kinder noch in Flüchtlingslagern, in denen sie, als Mitglieder einer am Rande der Gemeinschaft lebenden Minderheit, Tag und Nacht den keinesfalls förderlichen Einflüssen ihrer, sozial gesehen, ungesunden Umgebung ausgesetzt sind.

Diese asozialen Lebensbedingungen werden bei den gehemmten Kindern, früher oder später, zu einer Entgleisung oder Zerstörung ihres Lebens führen. Ihnen zu helfen (…) ist das Bestreben einer Gruppe von Menschen, denen das Schicksal dieser Kinder sehr am Herzen liegt.

Dieses Bestreben hat nun im In- und Ausland ein lebhaftes Echo gefunden und besonders dank großzügiger Hilfe aus Schweden und einer in Aussicht gestellten Unterstützung seitens des »Hohen Kommissariats für Flüchtlinge der Vereinten Nationen«, ist die Verwirklichung dieses Planes in sichtbare Nähe gerückt.

In Anbetracht dessen, dass es sich hierbei um eine Modellinstitution handelt, in der nach den neuesten pädagogischen Erkenntnissen gearbeitet werden soll, wurde auch die Unterstützung aus Bundesjugendplan-Mitteln prinzipiell in Aussicht gestellt.

Das Projekt wird aus einigen Pavillons bestehen, worin jeweils ungefähr zehn Kinder mit ihrer Gruppen-Mutter als eine Familie wohnen werden. Die Häuser sollen gemütlich und wohnlich, jedoch ohne jeglichen Luxus eingerichtet werden. (…)

Wahlheimat für die Kinder-Siedlung wurde Marburg, da mehrere sehr günstige Faktoren diese schöne Stadt zum Errichtungsort des geplanten Projektes prädestinieren. (…)

Auch würde das neue Projekt, das durch Publikationen und Vorträge in mehreren Ländern, wie Schweden, Holland, USA, der Schweiz, Deutschland, England, Finnland, als »Marburger Projekt« bekannt wurde, sehr wohl anschließen an den Ruf Marburgs als Wirkungsstätte berühmter Wohltäter der Menschheit, wie unter anderem die Heilige Elisabeth und Emil von Behring. (…)

Die Bemühungen um die zu betreuenden Kinder haben unter anderem die direkte oder indirekte Unterstützung nachfolgender Verbände und Organisationen:

United Nations High Commissionery vor Refugees, Lutherischer Weltbund, Weltrat der Kirchen, Landesverband der Inneren Mission und des Hilfswerkes Kurhessen-Waldeck, National Catholic Welfare Conference, American Joint Distribution Komitee, International Sozial Service, International Union vor Child Wegfahre, AGAFIB (Komitee der nationalen Gruppen der in Deutschland wohnenden heimatlosen Ausländer), Niederländische Federation für Flüchtlingshilfe sowie von mehreren Interessengruppen in verschiedenen Ländern.«

8 | Auf Messers Schneide

Verzweiflung macht sich breit. Aus Schweden gibt es immer noch keine Antwort. Es scheint, als seien alle Anstrengungen vergebens. Dabei musste Kerstin doch wissen, wie dringend die Gelder für das neue Heim benötigt werden. Es hilft nichts. Tom musste ihr noch einmal schreiben und deutlich machen, dass das Projekt möglicherweise vor dem Aus steht. Schließlich hatte auch sie in ihrer Heimat eine Menge Geld für die Sache gesammelt. Umso weniger versteht er die Funkstille, die seit längerer Zeit herrscht. Er setzt sich hin und tippt:

> *»23. November 1956. Liebe Kerstin, es ist vielleicht die letzte Chance überhaupt, dieses Heim anzufangen. Bekommen wir das Geld aus dem Bundesjugendplan nicht, dann können wir unsere Hoffnungen endgültig begraben, denn ich wüsste nicht, woher wir dann in kurzer Frist weitere für den Bau benötigte Gelder herholen sollten. (…) Wir haben nun acht Monate alles Pro und Kontra abgewogen und immer wieder diskutiert. Jetzt fordert man von uns, dass wir handeln. Tun wir dies nicht, dann können wir unsere Pläne restlos aufgeben. Ich wäre dir dankbar, wenn Du diese Überlegungen noch einmal mit dem Komitee in Schweden besprechen könntest, und mir noch vor dem 4. Dezember deine Antwort zuschicken würdest. In diesem Jahre wird das wahrscheinlich unsere letzte Zusammenkunft sein, und dann haben wir schon wieder 1957. Ich habe dann noch gut ein Jahr Zeit, da bis April 1958 die Finanzierung meiner Arbeit aus sein wird. Steht das Heim bis dahin nicht, dann werde ich gezwungen sein, wieder eine Arbeit in*

Holland aufzunehmen und dies hier aufzugeben. Sollten die Aussichten im kommenden Jahr so sein, dass die Verwirklichung unseres Projektes sehr fraglich bleibt, dann muss ich mich schon bald um ein Arbeitsgebiet in meiner Heimat kümmern. Ich hoffe, dass wir den Plan des Marburger Heimes nicht frühzeitig zu Grabe tragen brauchen.«

Dramatischer hätte Tom seine Worte nicht wählen können. Über Monate hinweg wurden Diskussionen geführt und Pläne geschmiedet. Doch der große Durchbruch stand aus. Und aus Schweden gab es einfach kein grünes Licht für die dringend benötigten Mittel.

»Ich werde froh sein, wenn das Heim endlich steht und wir uns nur noch um die Arbeit selbst zu kümmern haben. Denn das ist das Einzige, was mir wirklich am Herzen liegt: Diesen Kindern eine echte Hilfe und Heimat geben zu können. Vieles, was notwendigerweise an der Vorplanung dran hängt, ist mir ganz im Vertrauen gesagt, manchmal zuwider und unbegreiflich.«

Schließlich setzen die Schweden doch noch ihr ganzes Vertrauen in Tom Mutters und seine Konzeption für das neue Heim und die gesammelten Spenden, umgerechnet 146.000 Deutsche Mark, aus Skandinavien für das »Tom-Mutters-Projekt« werden freigegeben. Der damals schwierige Transfer dieser zweckgebundenen Mittel gelingt Pastor Cederberg über den Weltkirchenrat.

Das innovative Konzept des Heims und der darin integrierten Kinder sorgen schon vor ihrer Eröffnung in Fachkreisen weltweit für viel Interesse und große Aufmerksamkeit. Im August 1959 nehmen Studenten aus Spanien, Schottland, Irland, Schweden, Jugoslawien, Ecuador und der Bundesrepublik an freiwilligen Arbeitseinsätzen des »Aufbauwerks der Jugend« in Marburg teil. Sie heben Gräben aus und bauen eine Zufahrtsstraße zu den »Neuhöfen« am Stadtrand.

Allerdings verlaufen die Jahre zwischen Planung und Fertigstellung völlig anders, als sich Tom und Ursula das vorgestellt haben.

Ende der 1950er Jahre machen die beiden schwere Zeiten durch. Tom wird arbeitslos, da seine Stelle als »Liasion-Officer/DP-Children« im Auftrag der UN ausgelaufen ist. Er beginnt ein Psychologie-Studium an der Philipps-Universität Marburg. Es gilt, vier Söhne durchzubringen, und das von dem kargen Lehrergehalt Ursulas, zunächst an der Volksschule in Wolfshausen, später an der Sonderschule im Kinderheim »Friedenshütten« in Wehrshausen. Die Mutters beziehen eine Wohnung auf einem abgelegenen Bauernhof. Auf den Marburger »Neuhöfen« bei Familie Fletemeyer leben Tom und Ursula mit ihren vier Söhnen auf knapp 90 Quadratmetern über einem Pferdestall.

»Man hätte manchmal heulen können«, erinnert sich Ursula und erzählt von dünner Haferflockensuppe, die sie nicht selten ihren Kindern geben muss. »Selbst wenn man Geld hatte, bekam man nichts dafür. Man hamsterte und es wurde geklaut. Aus Bucheckern wurde Öl gewonnen, die sammelten wir und brachten sie zur Ölmühle.« Es bleibt ihr, wie dem Großteil der deutschen Bevölkerung in diesen Jahren auch, nichts anderes übrig, als auf die Zähne zu beißen und auf bessere Zeiten zu hoffen. Trotz Hunger und Ungewissheit über die Zukunft sagt Ursula über diese Zeit: »Das Leben ist hart manchmal, aber von allen Härten bleibt immer etwas Gutes zurück. Wir sind ganz gut durchgekommen; wenn du nichts hast, hast du nichts und musst was daraus machen. Meine Jungs sind alle ganz gut geraten, alles Sportler und gute Skiläufer.«

Hinzu kommen aufreibende Auseinandersetzungen um das Heim in Marburg. Für Tom unerwartet, formiert sich Widerstand im Kreise der vermeintlichen Unterstützer. Vor allem ein Lokalpolitiker versucht, die damals noch rückwärtsgewandten Interessen der kirchlichen Wohlfahrtsverbände durchzusetzen.

In einem Brief an den schwedischen Pastor Daniel Cederberg schreibt Tom:

»Lieber Daniel, es ist schon lange her, dass Du etwas aus Marburg hörtest. Den Grund sollst Du darin sehen, dass es von hier aus auch nichts Erfreuliches zu berichten gab. Aus unserer ursprünglichen gemeinsamen Arbeit, aus meinem Plan, mit Hilfe von Menschen, denen das Schicksal geistig behinderter Kinder ein Herzensanliegen war, in Marburg ein kleines heilpädagogisches Heim zu errichten, in dem wir die Kinder mit Hilfe moderner Erkenntnisse zu

Kerstin Bjerre, Pastor Daniel Cederberg, Tom und Ursula (von links) bei der Taufe von Söhnchen Dirk (1957).

*einem glücklicheren Leben verhelfen bemüht sein wollten,
ist nun, durch das unverantwortliche Treiben eines fast
krankhaft ehrgeizigen Politikers, allmählich eine Sache geworden, die kein Mensch, der es wirklich ehrlich mit den
Kindern, um die es hier geht, meint, mehr bejahen kann.
Von den Interessen der Kinder ist schon lange nicht mehr
die Rede. Das, was wir ursprünglich wollten, und wofür
auch Kerstin sich aus ehrlicher Überzeugung eingesetzt
hat, das, wofür Tausende von Spendern geopfert haben, und
womit man in allen Zeitungsartikeln und Berichten mei-
nen Namen verbunden hat, das wofür Ursel und ich uns
mehrere Jahre hier oben in einer abgelegenen, primitiven
Wohnung hingesetzt haben, ohne uns zunächst um ein anderes Aufgabengebiet zu kümmern, da wir daran glaubten,
dass mit Hilfe der Menschen, die sich bei uns angeschlossen hatten, das Projekt nun bald verwirklicht werden würde, und wir uns dieser Aufgabe ganz widmen könnten, ist
nun im Karussell der unterschiedlichen persönlichen Interessen zermalmt worden. Wenn man die Protokolle aller
damaligen Sitzungen (wie viel kostbare Zeit ist nicht mit
bloßem Reden verloren gegangen) in Ruhe durchliest, entdeckt man, dass die ganzen langen Verhandlungen eigentlich nichts anderes als eine endlose Auseinandersetzung
um Kompetenzfragen waren. Von den Kindern, um die es
hier geht, war praktisch nie die Rede. (...) Als ob die Hilfe
für geistig behinderte Kinder ein Geschäft sei, wobei man
aufpassen muss, dass der Konkurrent einem durch andere
Methoden nicht die Kundschaft wegschnappt – und wie
könnte man den Einfluss kirchlicher Organisationen am
wirkungsvollsten sichern. Die Frage, wie man den Kindern am besten helfen könnte, wurde von den Vertretern
dieser Organisationen kein einziges Mal berührt.«*

Trotz allem: Am 29. Juli 1960 ist Richtfest des Heimes, die ersten
Kinder werden 1962 aufgenommen. Offizielle Eröffnung wird aller-

Endlich geht es los: Das spätere Kerstin-Heim im Rohbau.

dings erst am 12. Dezember 1964 gefeiert und die regionale Presse berichtet. Sohn Reinier erinnert sich: »Es war alles sehr improvisiert. Ich wurde an diesem Tag 13 und die Reporter saßen bei uns in der Wohnstube auf den Neuhöfen mit am gedeckten Geburtstagstisch.« Die nach den Plänen von Tom und Ursula Mutters errichtete Anlage mit kleineren Wohngruppen erhält den Namen Kerstin-Heim.

Von Anfang an findet Schulunterricht statt. Ursula Mutters hatte einen Lehrplan für die in das Heim integrierte Daniel-Cederberg-Schule aufgestellt. Da es zu diesem Zeitpunkt noch keine Erfahrungen mit der Beschulung geistig behinderter Kinder in Deutschland gab, orientierte sie sich an Beispielen, die sie bei ihren Auslandsreisen mit Tom kennengelernt hatte.

Doch die Querelen gehen weiter. Vor allem eine Intrige gegen Ursula bringt Tom in Rage. Sie ist seit September 1962 auch Lehrerin an der Schule des Kerstin-Heims. Toms Gegenspieler, über den er sich bereits in seinem Brief an Daniel Cederberg beklagte, versucht, sie versetzen zu lassen. Frau Mutters mache einer Kollegin Schwierigkeiten, verfüge darüber hinaus über keine Sonderschul-Ausbildung und sei ohnehin als Mutter von vier Kindern damit überfordert, diese schwierige schulische Aufgabe zu erfüllen. So lauten die Anschuldigungen. Im Mai 1963 kommt es zum Showdown. In einer

Sitzung mit Freunden und Förderern des Heims verteidigt Tom seine Frau und es gelingt ihm, sämtliche Vorwürfe zu entkräften.

Die Intrige scheitert. Ursula bleibt zunächst Lehrerin an der Daniel-Cederberg-Schule. Im Schuljahr 1963/64 kommt Carola von Bracken als Sonderschullehrerin hinzu. 1968 wechselt Ursula an die Grundschule nach Marburg-Wehrshausen. Dort lehrt sie bis zu ihrem 66. Lebensjahr, ein Jahr länger als vorgesehen, und geht 1992 in den Ruhestand.

Toms Vision von einer modernen Einrichtung mit kleinen Wohngruppen, einer Schule sowie individueller Förderung und Betreuung ist also doch Wirklichkeit geworden. Leiter, wie es zunächst geplant war, wird er allerdings nie. Etwas anderes Großes bahnt sich an:

> *»Meine Artikel in Zeitschriften, vor allem in den Heften der Sonderschulpädagogik über Möglichkeiten der Hilfen für geistig behinderte Kinder und Erwachsene, stießen auf große Resonanz und führten zu immer mehr Briefkontakten mit Eltern und Menschen mit behinderten Angehörigen. So geriet der Gedanke, das zu errichtende Kinderheim zu leiten, immer mehr in den Hintergrund.«*

Dennoch bleibt Tom Mutters über 50 Jahre lang dem Trägerverein des Kerstin-Heims verbunden. Im Jahr 2002 wird er zum Ehrenmitglied ernannt.

Das Kerstin-Heim heute.

9 | Tom der Gründer

1958. Tom bleibt in Marburg, obwohl seine Stelle als Verbindungsoffizier zum UN-Hochkommissar ausgelaufen ist. Nächtelang über-
legt er mit Ursula, wie es weitergehen soll. Dann fällt die Entschei-
dung: Tom hält an seiner Vision fest, das Leben geistig behinderter Kinder menschenwürdiger und lebenswerter zu machen. Seine
Frau wird mit ihrem Gehalt als Lehrerin die Familie durchbringen
und er beginnt ein Studium der Psychologie an der Marburger
Philipps-Universität. Seine Kraft und Hoffnung schöpft er aus seinen bisherigen Erfolgen. In Goddelau hatte er für die Kinder eine
bis dato graue, vergitterte und hässliche Anstalt mit buntem Leben

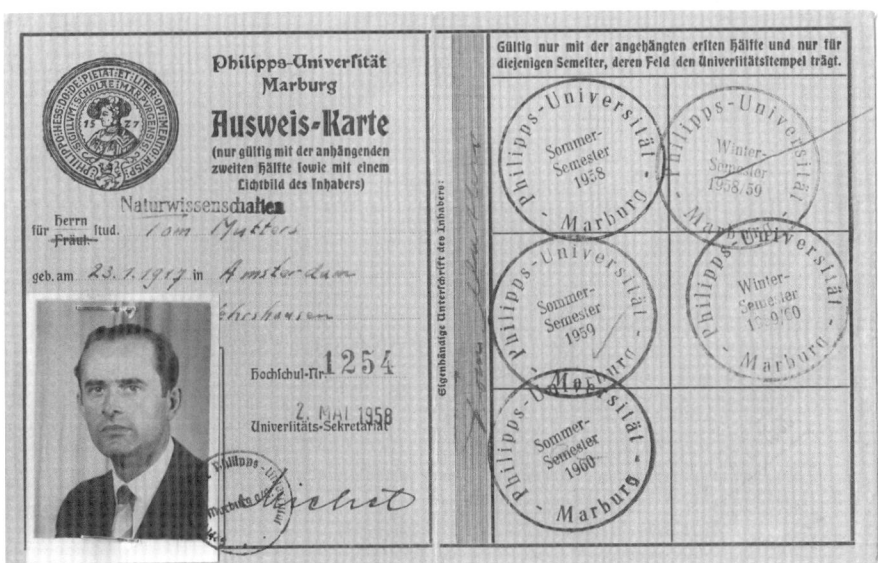

Toms Studienbuch.

gefüllt. Das ukrainische Mädchen Nadia brachte er zu ihren Eltern in die USA. Doch sind mittlerweile über zehn Jahre seit Kriegsende vergangen, ohne dass sich die Situation für geistig behinderte Menschen in Deutschland merklich verbessert hätte. Aber Tom gibt die Kinder nicht auf.

Am 2. Mai 1958 schreibt er sich zum Sommersemester an der Philipps-Universität Marburg ein. Im gleichen Monat veröffentlicht er in der sozialpädagogischen Fachzeitschrift »Unsere Jugend« einen Aufsatz mit dem Titel »Das geistig behinderte Kind in der Gesellschaft«. In dem Artikel will er aufrütteln und prangert das Umfeld an, in dem die Kinder Ende der 1950er Jahre leben. Zum Beispiel »Peter, ein geistig erheblich geschädigtes Kind«:

> »Da die Verhältnisse im Elternhaus nicht günstig sind, kommt er eines Tages in eine Anstalt. Hier wird er körperlich gepflegt, sodass er gedeiht und wächst. Man sorgt dafür, dass ihm ja nichts zustoßen wird, denn man trägt doch die Verantwortung für ihn. Weiter aber gibt man sich in dieser Anstalt keinerlei Mühe, seine geringen Anlagen zur Entfaltung zu bringen und seiner kleinen Persönlichkeit gerecht zu werden. Sein Leben ist, wenn man es recht bedenkt, eigentlich nicht viel anders als das der Tiere im Zoo: Schlafen – essen – warten – essen – schlafen. Ein sich in immer gleich bleibendem Rhythmus endlos wiederholender Tagesablauf. Warten, warten, warten: Auf was?«

Zum Vergleich beschreibt Tom die Schicksale zweier anderer, ebenfalls geistig behinderter Kinder, die in einer Pflegefamilie beziehungsweise bei den Eltern wohnen. Dieter arbeitet bei einem Bauern und erlangt eine gewisse Selbstständigkeit. Jan arbeitet in einer »Beschützenden Werkstatt«. Solche beschützenden Werkstätten gibt es bereits in den USA und Holland. Tom hat sie auf seinen Reisen kennengelernt. Er kommt zu folgendem Schluss:

»Diese so vollkommen anders verlaufenen Schicksale drei-
er Menschen, die mit den gleichen geistigen Mängeln zur
Welt kamen, lassen die Frage aufkommen, ob nicht zuviel
im Leben solcher Kinder dem Zufall überlassen wird, und
ob nicht durch Reform der Geistesschwachen-Fürsorge die
soziale Situation vieler von ihnen wesentlich verbessert
werden könnte. (...)
Für das große Heer der geistig Behinderten sowie für die
gesamte Zivilisation ist zu hoffen, dass das Wort Voltaires
sich auch hier bewahrheiten möge: ›Es gibt ein Ding, stärker
als alle Armeen der Welt, und das ist eine Idee, für welche
die Zeit gekommen ist.‹«

Der Artikel schlägt ein wie eine Bombe.

Als einer der ersten reagiert Jugendrichter Bert Heinen aus Bonn. Er fragt bei Tom Mutters an, was er und seine Frau beitragen können. Die Antwort kommt prompt. Es hatten sich nämlich auch noch andere gemeldet, die Tom Mutters im November 1958 mit Fachleuten in Marburg zusammenbringen will.

»Zur Gründung der Lebenshilfe haben nicht unwesentlich die
Kontakte zu Rosemary und Gunnar Dybwad in den 50er Jahren
beigetragen. Bei einer Begegnung im Mai 1957 in der Zentra-
le von NARC (National Association for Retarded Children) in
New York wurde mir schlagartig klar, dass auch in Deutschland
nur durch die Gründung einer Vereinigung wie der NARC,
also durch eine breit angelegte Bürgerinitiative, die Verbesse-
rung der Lebenssituation geistig behinderter Menschen und
ihrer Angehörigen allmählich erreicht werden könnte.«

Im Gegensatz zu einem Leben in großen Anstalten sollten die Kinder im familiären Umfeld aufwachsen oder in kleinen Wohngruppen betreut werden. Diese Vorbilder lernt Tom auf seinen Reisen ins Ausland, etwa in seiner Heimat Niederlande oder auch in den USA kennen.

Toms Einladungsschreiben zur Gründungszusammenkunft einer Organisation für den 23. November 1958 enthält unter anderem das Programm der amerikanischen Elternvereinigung NARC. In der Einladung heißt es:»Die Tatsache, dass seitens der Öffentlichkeit noch so relativ wenig für das allgemeine Wohl der geistig Behinderten getan wird, hat für viele der betroffenen Familien die Problematik um ihre Sorgenkinder derart unnötig gesteigert, dass sie nicht selten zur kaum tragbaren Bürde geworden ist. Einrichtungen wie heilpädagogische Kindergärten, Schulen für motorisch erziehbare (imbezille) Kinder, Schulen für mongoloide Kinder, Anlernwerkstätten, Beschützende Werkstätten, Ferienheime (short-stay-homes), Sommerlager, Abendschulen und Abendklubs für geistig Behinderte, wie man diese in den USA, England, Holland und einigen anderen Ländern kennt, können sehr viel dazu beitragen, diese Problematik auf ihre engsten Grenzen einzuschränken.«

Bert Heinen erinnert sich an das Schreiben:»Ich erhielt diese Einladung, als ich äußerst niedergeschlagen von Aulhausen, wo mein geistig behinderter Sohn damals war, nach Hause zurückgekehrt war. Ich hatte ihn aus den Sommerferien zurückgebracht. Er ging an meiner Hand und murmelte vor sich hin ›Ich bin froh, wenn ich für immer nach Hause komme‹. Dieses Erlebnis werde ich nie vergessen.«

Der 23. November 1958 markiert den Beginn einer gesellschaftlichen Revolution in der noch jungen Bundesrepublik. Es ist der Urknall der Lebenshilfe. An diesem schönen Herbsttag ahnt noch niemand, dass sich das Schicksal geistig behinderter Menschen in Deutschland zum Positiven ändern wird. Kurt Wildner, der Vater eines behinderten Kindes, schildert seine Eindrücke:»Auf der kleinen Treppe vor der Bibliothek der Kinder- und Jugendpsychiatrischen Klinik der Philipps-Universität Marburg, steht jener Tom Mutters. Einladend mit weiter Bewegung des Arms, freundlich lächelnd, optimistisch, grüßend mit fremdem Akzent führt er jeden Gast persönlich ins Haus.« Aus der als informatives Treffen geplanten Veranstaltung wird eine Gründungsversammlung. 15 Personen heben die »Bundesvereinigung der Lebenshilfe für das geistig behinderte Kind« aus der Taufe.

Die Idee für diesen Namen kommt von Bert Heinen: »Niemand von uns ahnte, wie schnell er sich einbürgern würde, nicht nur bei den Eltern, sondern auch bei den Behörden und den freien und öffentlichen Organisationen, die sich um die geistig Behinderten bemühen.«

Für viele Eltern ist dies ein lang ersehntes Signal der Hoffnung. Kein Wunder: In den 1950er Jahren spukt noch immer der unsägliche Geist der faschistischen Ideologie mit seinen Schlagworten wie unwertes Leben und Euthanasie in vielen Köpfen herum. Mit der Geburt ihres geistig behinderten Kindes bricht für die Eltern oft eine Welt zusammen. Es gibt keine staatlichen Strukturen. Der geistig behinderte Mensch gilt als bildungsunfähig und ist von Kindergarten und Schule gänzlich ausgeschlossen. Er gilt als arbeitsunfähig und hat keine Möglichkeit, sich durch Arbeit bestätigt zu fühlen. Eltern haben nur die Wahl, ihr Kind ohne Förderung zu Hause zu behalten, oder es wegzugeben.

Den Eltern wird geraten, ihr Kind möglichst früh in eine Anstalt zu geben.

> *»Viele Eltern trauten sich nicht, sich offen zu ihrem behinderten Kind zu bekennen, versteckten es schamvoll vor der Öffentlichkeit, ließen es nur abends im Dunkeln an die frische Luft. Oft waren sie mit dem Kind von einem Arzt zum anderen gegangen, in der Hoffnung, endlich jemanden zu finden, der ihrem Kind helfen könnte. Sie klammerten sich an jeden Strohhalm der Hoffnung, glaubten an Wunderdrogen und -therapien.«*

»Warum gerade ich?« – Immer wieder stellen sich Eltern diese verzweifelte Frage, ohne jemals eine Antwort zu finden, die hätte helfen können, ihre Seelenlast zu lindern. Am Ende eines langen

Weges verzweifelter Suche nach Hilfe bleibt ihnen meistens nur die lähmende Erkenntnis, mit ihren Problemen alleine gelassen zu werden und dass es für ihr Kind keine Zukunft wie etwa für andere Kinder geben würde.

> »Manche trugen sich mit Todeswünschen als einzigen Ausweg für ihr Kind, denn ›dann erspare ich ihm ein Leben voller Leid‹, schrieb mir zum Beispiel eine Mutter aus Köln. Es gab Fälle, in denen Eltern, nach qualvollen Jahren vergeblichen Suchens und Mühens um Hilfe, die Tötung ihres Kindes als einzigen Ausweg aus seinem vermeintlichen Leiden durch eigene Handanlegung vollzogen hatten.«

Vorurteile, Intoleranz bis hin zu offener Ablehnung durch eine unaufgeklärte, unwissende Gesellschaft, hatten damals die übergroße Mehrheit der geistig behinderten Menschen zu einem Schattendasein am Rande der Gesellschaft verbannt.

Nachbarin und Freundin: Christa Fletemeyer kümmert sich auf den Marburger »Neuhöfen« um die Kleinen. Im Hintergrund die Wohnung der Mutters über dem Pferdestall.

Eine Mutter schildert Tom in einem Brief von ihrem Arztbesuch mit ihrem behinderten Sohn. Der Mediziner habe sie direkt aufgefordert: »Sie selbst brauchen eine ärztliche Behandlung. Den da behandeln Sie einfach wie einen kleinen Hund.«

Tom hatte seine Lehren aus den zermürbenden Erfahrungen bei den Planungen für das Kerstin-Heim gezogen. Nicht, dass diese Einrichtung ihm plötzlich egal gewesen wäre. Seine Denkweise hatte sich vielmehr geändert. Er bekommt durch internationale Kontakte neue Wege aufgezeigt. Tom sucht nach demokratischen Entscheidungsprozessen. Er will für sein Anliegen möglichst viele an einem Tisch haben: Pädagogen, Mediziner, Wissenschaftler, Juristen, Lehrer, Politiker. Aber vor allem will er die betroffenen Eltern mit einbeziehen und an den Entscheidungen beteiligen. Er weiß: Sie würden ihre Kinder nicht im Stich lassen. Mit den Eltern im Bunde könnten seine Ideen verwirklicht werden.

> *»Die Anregung, derartige Einrichtungen auch hier ins Leben zu rufen, wird von einer einflussreichen Elternorganisation ausgehen müssen, die nicht müde wird, sich immer wieder dort, wo es notwendig ist, für das Wohl und Glück ihrer Schützlinge einzusetzen.«*

Nun geht es Schlag auf Schlag: Am 18. Januar 1959 findet in Marburg die konstituierende Sitzung des Vereins statt, in der die Satzung beschlossen und Prof. Dr. Richard Mittermaier aus Bad Homburg als Erster Vorsitzender gewählt wird. Offizieller Vereinssitz ist Bonn. Das Gründungskapital beträgt 5.000 D-Mark.

> *»Es wurde beschlossen, dass die Lebenshilfe sowohl Eltern- als auch Fachverband sein würde. Desweiteren auch, dass die im späteren Rahmenprogramm aufgeführten Tageseinrichtungen und Dienste – vorwiegend nach holländischem Muster – nach Möglichkeit in eigener Trägerschaft geschaf-*

fen werden sollten: Denn es war eine bittere Tatsache, dass weder der Staat noch die herkömmlichen Wohlfahrtsverbände in der Lage waren, die jahrhundertelange Vernachlässigung der Belange geistig behinderter Menschen und ihrer Eltern wirksam zu bekämpfen.«

Die eigentliche Arbeit beginnt jedoch abenteuerlich. Die eigenen vier Wände werden zur Keimzelle der Lebenshilfe. Das heimische Wohnzimmer wird zum Büro umfunktioniert. Die Mutters wohnen über dem Pferdestall von Kaltblüter Bella, im ersten Stock des alten Gesindehauses auf den Marburger »Neuhöfen«. Es geht los mit einer Schreibmaschine, die durch eine erste Spende angeschafft werden kann. Beim Sortieren und Heften von Rundschreiben helfen oft die eigenen Kinder mit Freunden aus der Nachbarschaft.

Zur Nachbarin, der Landwirtin Christa Fletemeyer, entsteht eine enge Freundschaft. »Ich habe Ursula immer bewundert. Der Beruf als Lehrerin und dann sich um die vier Jungs zu kümmern. Dazu gehört Talent, das alles zu organisieren. Sie war eine tatkräftige, agile Frau. Ich habe ihr gerne geholfen, das waren schöne Jahre. Auch wenn es viel zu tun gab, Ursula hat nie geklagt oder gejammert.«

Auch an Tom hat sie lebhafte Erinnerungen: »Auf den ersten Blick wirkte er zurückhaltend und bescheiden. Man sah es ihm nicht an, was er alles auf den Weg brachte. Er war charismatisch und ein guter Gesellschafter, mit klaren Regeln. Wenn er einmal Freizeit hatte, dann war er bei der Familie. Sein Anliegen mit der Lebenshilfe war ihm eine Herzensangelegenheit, das merkte man.«

Die Gründung der Bundesvereinigung Lebenshilfe in Marburg löst ein lebhaftes Echo aus. Es entsteht eine eingeschworene Gemeinschaft von Eltern und Freunden geistig behinderter Menschen. In den ersten zwei Jahren steigen die Mitgliederzahlen von 15 im Jahr 1958 auf 1.500 im Jahr 1960. Wiederum zwei Jahre später sind es bereits 6.000. Es grenzt an ein Wunder. Ehrenamtlich tätig gründet Tom Ortsvereinigung auf Ortsvereinigung. Er fährt durch das ganze Land und begeistert andere, sich anzuschließen. »Tom der Gründer« wird zu einem geflügelten Wort.

Trotz wirtschaftlich harter Zeiten haben die Kinder auf den Marburger »Neuhöfen« ihren Spaß.

Eine Mitgründerin bringt es auf den Punkt: »Ich weiß nicht, ob uns allen damals bewusst war, was wir da getan hatten. Wir waren wohl mitgerissen und begeistert zur Mitarbeit. Aber wie nötig diese Tat war, zeigte uns erst später das blitzartige Ansteigen der Mitgliedszahlen.«

»Wir liefen und liefen«, heißt es in den meisten Berichten aus dieser Zeit. »Wir liefen von Amt zu Amt, von Adresse zu Adresse, von Familie zu Familie.«

Anfang 1960 bewilligt das Bundesministerium für Familien- und Jugendfragen finanzielle Mittel für die Errichtung einer Hauptgeschäftsstelle in den Räumen der Marburger Kreissparkasse in der Universitätsstraße 10. Zum hauptamtlichen Geschäftsführer wird Tom Mutters ernannt. Es ist der Durchbruch.

Bert Heinen beschreibt, wie zäh er um die Bewilligung der ersten Finanzmittel für einen hauptamtlich tätigen Geschäftsführer gerungen hat: »Ich entsinne mich noch, wie es mir zu Mute war, als ich das Ministerium verließ, befreit von einer unerhörten Spannung. Ich habe auf der Straße geweint. Jetzt wusste ich: Der Weg war frei für die Verbreitung der Lebenshilfe im ganzen Bundesgebiet.«

Die erste Geschäftsstelle der Lebenshilfe befindet sich in einem einzigen Zimmer.

> *»Ich habe eine Sekretärin eingestellt. Zu zweit saßen wir dann Rücken an Rücken in diesem kleinen Raum. Deshalb war ich immer froh, wenn ich auf Reisen sein konnte. Während meine Sekretärin alle schriftlichen Arbeiten und auch die Buchführung erledigte, gründete ich überall die Ortsvereinigungen. Das war eine schöne Zeit.«*

Schnell entstehen in den großen Städten, auf dem Land und in kleineren Ortschaften die ersten Orts- und Kreisvereinigungen der Lebenshilfe. Tom Mutters ist in vorderster Linie dabei: als mitreißender Redner, rühriger Organisator und Ansprechpartner für alle Eltern, die Rat suchen.

In einem Masterplan definiert er konkrete Schritte zur Gründung einer Ortsvereinigung und benennt wichtige Personen, die zu einer Gründungsversammlung einzuladen seien: Bürgermeister, Lehrer, Ärzte, Vertreter der Gesundheits- und Jugendämter, Geistliche aller Konfessionen, Sozialverbände und Redaktionen der örtlichen Zeitungen. Tom will nichts dem Zufall überlassen und legt den Eltern darüber hinaus eine Formulierung für ein Zeitungsinserat ans Herz:

»Eltern und Freunde geistig behinderter Kinder und Erwachsener in .... finden in unserer Vereinigung Anschluss, gegenseitige Hilfe und Rat in allen Fragen, die ihre Sorgenkinder betreffen. Wir bitten um Ihre Anschrift, damit wir Verbindung mit Ihnen aufnehmen können. Lebenshilfe für das geistig behinderte Kind e.V., Ortsvereinigung .... Anschrift .... Tel.: ....«

Ingeborg Thomae, Mitgründerin der Ortsvereinigung Erlangen, schildert die bewegenden Anfänge: »Dann hielten wir ein paar Blätter beschriebenes Papier in Händen; es war billiges Papier, man sah sofort, dass der Text von Laienhand getippt und abgezogen war, und jede Stelle freien Raumes war ausgefüllt mit Nachrichten, Informationen, Fragen. Wir lasen diese ersten Mitteilungen so oft, bis wir sie auswendig kannten, erzählten sie uns doch von Hilfen, die wir für unsere Kinder – die man damals noch schwachsinnig nannte – erwarten konnten.«

Tom gibt den engagierten Eltern vor Ort auch ein klar strukturiertes, inhaltliches Konzept an die Hand:

»Erstens: Die zu gründende Organisation sollte alle Personen erfassen, die das Wohl und die Menschenrechte der Schützlinge dieser Organisation fördern und erfüllen möchte. Also nicht nur Eltern und Angehörige, sondern auch Fachleute aller einschlägigen Disziplinen, aber auch Freunde behinderter Menschen. Hierbei dürften politische, religiöse oder andere weltanschauliche Einstellungen der zu Werbenden keinerlei Rolle spielen. Wichtig wäre vor allem die völlige Unabhängigkeit. Nur so würde sie eine wirkungsvolle Rolle im sozialen Gefüge spielen.

Zweitens: Umfangreiche Aufklärungsaktionen in der Bevölkerung, unter Mitwirkung der Medien. Diese sollten sich nicht nur allgemein an die Bevölkerung richten, sondern auch an Eltern und an Fachleute, denn auch in Fachkreisen herrschten vielfach völlig überholte Ansichten über Entwicklungsmöglichkeiten behinderter Menschen. Insbesondere wäre notwendig, Aus- und Fortbildungsmöglichkeiten zu entwickeln.

Drittens: Vor allem müssten auch wirkungsvolle Programme und Maßnahmen zur Förderung und Beschäftigung geistig Behinderter aller Altersstufen eingerichtet werden. Sie könnten sich an bereits bestehenden Projekten in anderen Ländern ausrichten. Natürlich müssten auch gesetzliche und finanzielle Möglichkeiten für ihre Arbeit geschaffen werden.«

Das Angebot der Lebenshilfe soll den bis dahin alleingelassenen Eltern und Familien eine Antwort geben. Plötzlich interessiert sich jemand für sie und ihre Kinder, ihre Ängste und Sorgen. Eltern und Wegbegleiter erinnern sich:

»Kein Außenstehender und auch nicht der heutige Kreis betroffener Eltern kann ermessen, was das bedeutet: in einer Zeit totaler Hilflosigkeit und Verzweiflung eine Stimme zu hören, die von Hilfe spricht.« (Amalie Fährmann)

»Ich sehe Tom Mutters von damals noch wie heute in den ungezählten Versammlungen landauf, landab immer gleich erscheinend, eilig, zielstrebig, immer mit zwei übervollen Aktentaschen, manchmal mit Dias und Projektor, immer lächelnd. Keiner sprach so mitreißend und überzeugend, weil selbst überzeugt, wie er. So hat er ungezählte Eltern ermutigt, mit ihrem behinderten Kind endlich aus den eigenen vier Wänden herauszutreten, sich zu bekennen, mitzumachen.« (Kurt Wildner, Journalist und Gründungsmitglied)

»Wohin dieser Mann kam, da passierte etwas. Außer Spesen nichts gewesen, das kannte er nicht. Wo er war, da wurde gehandelt, und weil er dabei selbst mit gutem Beispiel voranging, konnte er das Vertrauen anderer Menschen gewinnen und sie gleichsam zum eigenverantwortlichen Handeln motivieren. In seiner Person begegnete uns buchstäblich die Botschaft Lebenshilfe als eine ganz und gar konkrete Größe.« (Siegmund Crämer, Lebenshilfe Bad Dürkheim)

Auch Georg Ennen aus Bremerhaven hört von dieser Vereinigung und deren Förderprogramm. Er meldet sich in Marburg und bittet um Rückruf:
»Wenige Tage darauf kam ein Telefonanruf. Am anderen Ende Tom Mutters. Ich höre noch heute seine aufrüttelnde, fordernde Stimme. Sie müssen unbedingt! Fangen Sie an! Wir werden Ihnen helfen. Sie dürfen nicht warten! Die damals noch ungewohnt fremdländische Stimme hatte geradezu etwas Befehlendes an sich, das keine Alternative zuließ. Wenige Tage später war ich persönliches Mitglied der Bundesvereinigung Lebenshilfe.«

Es herrscht Aufbruchstimmung. Die Lebenshilfe entfaltet sich beinahe explosionsartig.

Siegmund Crämer erzählt, wie er Tom Mutters im Juli 1965 erlebte:

»Mit dem schnörkellosen Pragmatismus des Niederländers, dieser unverwechselbaren Mischung des Humanen aus den Pfeffersäcken der Ostindienkompanie (…) und Erasmus von Rotterdam, überzeugte er alle Anwesenden. Noch am gleichen Abend wurde ein Vorstand gewählt, der sofort an die Arbeit ging, begleitet von klaren Direktiven unseres Meisters. (…)

Wer nun glaubte, dass sich der Bundesgeschäftsführer von jetzt ab aus den Niederungen des Profanen wieder auf seinen damals übrigens noch recht armseligen Olymp zurückziehen würde, weil ja die neuen Schäfchen als Beitragszahler sicher waren, sollte sich täuschen. Am 7. September 1965 beriet er nun schon mit unserem Vorstand die Einrichtung einer Tagesbildungsstätte und widmete sich dabei sehr sorgfältig recht profanen Fragen, wie im Protokoll nachzulesen ist: ›An Toilettenräumen wären je drei Klos und vier Waschbecken für Buben und Mädchen vorzusehen. Als Fachmann schätzte er die Kosten auf 60.000 D-Mark. Er gab die Zusicherung, dass er die restlichen 30.000 D-Mark aus der Aktion Sorgenkind beschaffen wollte, wenn Stadt und Kreis die anderen 30.000 D-Mark aufbringen würde.‹ Nur auf sein Wort hin haben wir dann Schulden gemacht und die Arbeit begonnen.«

Eine einfache Begegnung mit Tom verändert das Leben vieler Menschen. Sie vertrauen ihm. Seine Vision von einer inklusiven Gesellschaft begeistert.

Zehn Jahre nach der Gründung gibt es bereits 320 Ortsvereinigungen mit 38.000 Mitgliedern. Man zählt hunderte von Kindergärten, Schulen, Werkstätten und die ersten Wohnheime nehmen ihre Arbeit auf.

Herbert Burger, ehemaliger Bundeskammervorsitzender der Lebenshilfe erinnert sich: »Ich bin Tom Mutters erstmals im Jahre 1968 in seinem Büro am Barfüßertor in Marburg begegnet. Damals hatte er acht Mitarbeiter. Es war schon zehn Jahre her, dass ein Niederländer den Deutschen sagen musste, dass ein geistig behinderter Mensch auch ein Mensch ist. Weiß Gott spät genug und beschämend genug, wie ich finde, denn 13 Jahre nach der schrecklichen Naziherrschaft blühte in diesem Land bereits das Wirtschaftswunder. Bei Menschen mit einer geistigen Behinderung war es am 23. November 1958, dem Gründungstag unserer Lebenshilfe, noch nicht angekommen.«

10 | Meilensteine

>*Wir standen am Anfang ganz alleine mit unserer Idee. Alles begann im eigenen Wohnhaus. Das ist schon eine tolle Sache geworden, wenn heute über 500 Ortsvereinigungen existieren. Die Triebfeder war, dass Behinderte wie alle Menschen Anspruch auf ein gutes Leben haben sollten. Dafür haben wir gesorgt. Die Lebenshilfe hat ein Rahmenprogramm von der Geburt bis zum Lebensende entwickelt.«*

Die unermüdliche Arbeit von Tom Mutters und seinen Mitstreiterinnen und Mitstreitern trägt Früchte. Die Tatsache, dass sich die Bürgerinitiative Lebenshilfe nicht gegen etwas, sondern für etwas einsetzt, bringt ihr auch von Seiten der politischen Parteien und Behörden viele Sympathien und Wohlwollen entgegen. Ein erster Meilenstein ist die schrittweise Einführung der Schulpflicht für geistig behinderte und schwer mehrfach behinderte Kinder in den 1960er und 1970er Jahren. Bis dahin galten diese als »bildungsunfähig«.

Toms Plan ist es, die Hilfen anzubieten, die die geistig behinderten Kinder für ihre Entwicklung brauchen, also Kindergärten und Schulen. Jedoch war es anfangs nicht möglich, dass geistig behinderte Kinder in Schulen aufgenommen wurden, weil das Schulgesetz dies nicht zuließ. In Regelschulen wurden zu dieser Zeit nur Kinder aufgenommen, die Lesen, Schreiben, und Rechnen erlernen konnten. Geistig behinderte Kinder sind somit von der Schule ausgeschlossen.

>*Dieser Zustand war unmöglich, hatte ich doch auch schon während meiner Tätigkeit in Goddelau festgestellt, dass Dinge in den Kindern steckten, die nur entwickelt werden mussten.*

Die Lebenshilfe wächst. Immer mehr Einrichtungen entstehen im Bundesgebiet.

Dies bezog sich nicht nur auf ihr Verhalten, sondern auch auf die Bildung. Also musste auch ein neuer Bildungsbegriff gefunden werden, der mehr als die Kulturtechniken umfasste. Damals wurde der Bildungsbegriff an die Fähigkeit, Lesen, Schreiben und Rechnen zu erlernen, gekoppelt. Bildung ist aber für mich viel mehr als das.«

Schon der Gründerkreis der Lebenshilfe hatte unmissverständlich zum Ausdruck gebracht, dass man von wohltätiger Unterstützung wegkommen und für die Verwirklichung der Menschenrechte auch für geistig Behinderte eintreten müsse. So wurde die Lebenshilfe schon kurz nach ihrer Gründung in die Überlegungen zu einer Neuregelung der damals gültigen Fürsorgebestimmungen einbezogen.

Es gelingt, das Recht auf Eingliederungshilfe für Menschen mit geistiger Behinderung im Gesetz zu verankern. Ein gewaltiger Fortschritt im Vergleich zu ihrer früheren Stellung in der Gesellschaft. Nach der Verkündung des Gesetzes können viele bis dahin mühsam mit privaten Mitteln geschaffene Einrichtungen im pädagogischen und im Werkstattbereich in rechtlich abgesicherte Tageseinrichtungen umgewandelt werden.

Schon früh trägt die konsequente Öffentlichkeitsarbeit der Lebenshilfe dazu bei, dass der Gesetzgeber auf die Situation von behinderten Menschen und ihren Familien aufmerksam wird.

Besonders die juristische Arbeit der Lebenshilfe bekommt immer mehr Gewicht.

> *»1962 trat das Bundessozialhilfegesetz in Kraft. Vorher beruhte alles auf dem Prinzip der Fürsorge. Dies galt auch für die Anstalten. Mit dem Gesetz kam es zu einer finanziellen Verbesserung. Es wurde nach der sogenannten Einzelfallhilfe entschieden. Die Orts- und Kreisvereinigungen wurden so besser unterstützt und konnten die Einrichtungen, die sie ins Leben gerufen hatten, weiter ausbauen. Wichtig war für uns, dass die Gesetzgebung im bildungs-, kulturellen und sozialen Bereich weiterentwickelt wurde. Hierzu zählten insbesondere die Schulgesetze. Die politische und juristische Arbeit war und ist sehr wichtig. Ein Rechtsreferat wurde eingerichtet. Die Gesetze waren früher nicht auf die Bedürfnisse behinderter Menschen ausgerichtet. Hier galt es Einfluss zu nehmen. Bei Anhörungsverfahren neuer Gesetze konnten wir durch Vorschläge die Gesetze mitgestalten; wir hatten somit auch Einfluss auf die Gesetzgebung und Verwaltung.«*

Schließlich reicht auch der erste Büroraum in den Räumen der Kreissparkasse längst nicht mehr aus. Neue Mitarbeiter werden zur Erledigung von Fachaufgaben und Verwaltungsarbeiten eingestellt. Tom legt nun Wert auf noch mehr Öffentlichkeitsarbeit und Marketing.

Ab 1962 können neue Räume am Barfüßertor 25 angemietet werden, mitten im Herzen der Universitätsstadt Marburg. Aus einem Büro ohne Telefon wird innerhalb von zehn Jahren eine moderne Geschäftsstelle mit 19 Mitarbeitern. 1974 kann die Lebenshilfe einen großen Neubau in Marburg-Cappel einweihen. Zum 1. Januar 2006 richtet die Bundesvereinigung Lebenshilfe ein Hauptstadtbüro ein, die Bundesgeschäftsstelle Berlin wird am 1. April 2009 eröffnet.

Meine erste Begegnung mit Tom Mutters

Von Maren Müller-Erichsen,
Behindertenbeauftragte der Hessischen Landesregierung

Tom Mutters ist der Inspirator der Lebenshilfe Deutschland, ohne ihn wären wir nicht da, wo wir jetzt stehen.

Durch die Begegnung mit ihm änderte sich mein Leben. Uns Eltern machte er Mut. Nur durch ihn wurde ich Vorsitzende der Lebenshilfe Gießen. Er half uns dabei, gegen massive Widerstände, Träger wertvoller und dringend benötigter Einrichtungen für geistig behinderte Menschen zu werden.

Als mein Sohn Olaf zur Welt kam, gab es kaum Unterstützung für behinderte Kinder und deren Familien. Die Lebenshilfe war bereits gegründet, aber so etwas wie Frühförderung gab es in der Region noch nicht.

Olaf ist heute ein großer Fan von Tom Mutters. Immer wieder hat er geäußert, dass er es »ganz toll« findet, dass Herr Mutters die Lebenshilfe gegründet hat.

Freudestrahlend und stolz gratulierte er ihm zum 80. Geburtstag.

Der Vorstand der Lebenshilfe Gießen, die in den 1970er Jahren bereits eine Werkstatt für geistig behinderte Menschen unterhielt, bestand bis zum Juli 1979 aus Experten der Wohlfahrtsverbände, Eltern waren »nur« Beisitzer. Der Geschäftsführer fand jedoch wenig oder gar nicht Kontakt zu den Eltern der Werkstattmitarbeiterinnen und -mitarbeiter, was für Unmut sorgte.

Ich wurde daher von den anderen mehrfach gefragt, ob ich nicht Vorsitzende werden wolle. »Sie brauchen nicht viel Zeit einzubringen«, hieß es. So stellte ich mich zur Wahl.

Zu dieser Zeit war ich noch Angestellte der Uni Gießen im Institut für Pflanzenbau und Pflanzenzüchtung. Doch mit dem

Aufbau der Lebenshilfe Gießen war ich nun zwar ehrenamtlich, aber eigentlich »Vollzeit« beschäftigt. So löste ich mein Arbeitsverhältnis mit der Universität auf.

Die Wahl verlief erfreulich, von 90 möglichen erhielt ich 60 Stimmen, obwohl viele mich noch nicht kannten. Auch alle Vorstandsposten wurden nach dem Willen der Eltern besetzt, der ehemalige Vorstand wurde komplett abgewählt. Nun lag alles in den Händen von uns Eltern. Wir waren zufrieden, aber hatten ein Riesenprogramm vor uns.

Tom Mutters war persönlich anwesend und sprach auf der Mitgliederversammlung. In seiner Rede bekräftigte er, dass die Lebenshilfe ein Recht habe, kleine Wohneinrichtungen zu schaffen, im Gegensatz zu den großen Anstalten der kirchlichen Verbände. Diese waren ihm »ein Dorn im Auge«.

Ich erinnere mich, dass Herr Mutters nach der denkwürdigen Mitgliederversammlung von den Wohlfahrtsverbänden auf Bundesebene stark angegriffen wurde. Sein Werben für kleine Häuser und Wohngruppen sorgte offensichtlich für Zündstoff.

Dieser »Streit«, den ich dann noch als Vorsitzende des Bundeselternbeirates und später als stellvertretende Vorsitzende des Bundesvorstandes miterlebte, sollte noch Jahre andauern.

Auch ich persönlich wurde sehr kritisch beäugt, weil ich doch keine Sozialarbeiterin sei und von der Materie der Behindertenhilfe keine Ahnung hätte. Tom Mutters stärkte mir immer den Rücken.

In der Elternschaft hatten wir beschlossen, nur kleine, familienähnliche Wohneinrichtungen zu schaffen. Die Wohlfahrtsverbände in Gießen wollten jedoch eine große Wohneinrichtung für 48 Wohnplätze schaffen. Wir Eltern lehnten dieses Konzept jedoch ab und Tom Mutters sagte uns für ein Wohnprojekt in der Stadt Gießen 700.000 D-Mark von der »Aktion Sorgenkind« zu. Es war nicht leicht, die Beamten des Sozialministeriums und den Landeswohlfahrtsverband (LWV) Hessen zu überzeugen, dass wir in Gießen nur diese Wohnmöglichkeit zu akzeptieren gedachten. Ich erinnere mich noch an die nächtliche Diskussion mit dem Dezernenten des LWV-Hessen in Wiesbaden!

Mit Hilfe der Förderung durch die »Aktion Sorgenkind« und viel Eigenleistung konnten wir schließlich im Jahr 1981 unsere erste Wohneinrichtung mit zwölf Plätzen in der Crednerstraße in Gießen eröffnen.

Auch der Neubau der großen Werkstatt (240 Plätze) in Pohlheim-Garbenteich konnte dank der Unterstützung von Tom Mutters verwirklicht werden. Bei der Eröffnung der Pädagogischen Frühförderstelle hat uns Tom Mutters ebenfalls massiv unterstützt.

Im Jahr 1985 wurde ich zur Vorsitzenden des Bundeselternbeirats der Bundesvereinigung Lebenshilfe gewählt und hatte in dieser Funktion auch die Möglichkeit, an den Sitzungen des Bundesvorstandes teilzunehmen. Hier habe ich Tom Mutters als »Dirigenten« der Bundesvereinigung Lebenshilfe erlebt. Er hatte die Geschicke in der Hand, er organisierte Wahlen: Wer wird Mitglied im Bundesvorstand, wer wird Vorsitzende/r, sein Netzwerk zu den Landesverbandsvorsitzenden funktionierte hervorragend. Rückwirkend kann ich feststellen, dass er immer genau die richtigen Entscheidungen getroffen hat.

Hervorheben möchte ich an dieser Stelle die Bedeutung der »Aktion Sorgenkind«, die Tom Mutters gemeinsam mit dem ZDF auf den Weg gebracht hat. Man stelle sich vor, »Aktion Mensch« gäbe es heute nicht: Viele, viele Projekte und Einrichtungen hätten nicht verwirklicht werden können.

Als in den 1980er Jahren das Thema Integration aufkam, war Tom Mutters zunächst skeptisch. Er zeigte sich besorgt, dass behinderte Kinder, jugendliche und erwachsene behinderte Menschen nicht die Unterstützung erhalten würden, die sie brauchen. Ich glaube, später hat er seine Meinung geändert. Zumindest hat er uns gratuliert, dass wir unseren Sonderkindergarten in eine integrative Kindertagesstätte umgewidmet haben.

Gerne hätte ich ihn auch einmal in unsere Sophie-Scholl-Schule eingeladen. Ich glaube, als Pädagoge hätte er dieses Modellprojekt mit inklusivem Charakter unterstützt…

11 | Die Aktion Sorgenkind wird geboren

»Stichtag für den Großen Preis, Sonnabend in acht Tagen«. Millionen sitzen vor dem Fernseher und schauen Wim Thoelke zu, als dieser – assistiert von Loriots Trickfiguren Wum und Wendelin – die

»Der Große Preis«: Millionen sitzen vor dem Fernseher und schauen, wenn Wim Thoelke mit Wum und Wendelin für die »Aktion Sorgenkind« wirbt.

Lotterie »Aktion Sorgenkind« von 1974 bis 1993 in die deutschen Wohnzimmer bringt.

Bereits 1964 fällt der Startschuss für »Vergissmeinnicht« im ZDF. Showmaster-Legende Peter Frankenfeld moderiert das erste Quiz im deutschen Fernsehen, das Spenden für einen guten Zweck sammelt.

Ein Wandel vollzieht sich. Mit diesen Sendungen wird über die Medien das Thema Behinderung enttabuisiert.

Ein bedeutender Anstoß zur »Aktion Sorgenkind« kommt von Tom Mutters. Heute ist sie eine der größten und erfolgreichsten Soziallotterien der Welt. Seit ihrer Gründung hat sie über 3,7 Milliarden Euro für Menschen mit Behinderung eingespielt (Stand 2015). Die Idee kannte Tom aus seiner Heimat.

> *»In Holland gab es bereits die Fernsehsendung ›Öffne das Dorf‹, die Geld für ein Dorf von körperbehinderten Menschen einbrachte. Bei einer anderen Aktion sollte man Kleingeld in Streichholzschachteln sammeln, das man übrig hatte. Dabei kamen große Beträge zusammen.«*

Das Zweite Deutsche Fernsehen ist gerade neu gegründet worden, als sich Tom mit dem damaligen Leiter der Redaktion für Gesundheit im ZDF, Hans Mohl, in Mainz trifft und ihn für die Idee einer Lotterie gewinnen will.

> *»Ich sagte ihm, dass es hier in Deutschland zehn Prozent behinderte Menschen gäbe, für die keiner etwas tut. Für diese Menschen muss es auch eine Aktion geben, die Geld einbringt.«*

Auch Mohl hatte sich bereits durch seine Berichterstattung über den Contergan-Skandal, der kurz zuvor aufgedeckt wurde, Gedanken gemacht, wie man helfen könnte. Das Beruhigungsmittel Contergan mit dem Wirkstoff Thalidomid war seit Oktober 1957 freiverkäuflich erhältlich und wurde millionenfach gegen Schwanger-

Hans Mohl (l.) und Tom Mutters im Jahr 1968 vor Journalisten. Im Rahmen einer mehrtägigen Pressefahrt werden mehrere von der »Aktion Sorgenkind« geförderte Einrichtungen besucht.

schaftsübelkeit empfohlen. In der Folge kam es zu einer Häufung von schweren Fehlbildungen bei Neugeborenen.

Unterstützung finden Mohl und Mutters schließlich beim damaligen Intendanten, Prof. Dr. Karl Holzamer, der sich als Pädagoge und Psychologe sehr für die Arbeit der »Aktion Sorgenkind« stark macht. Ein Glücksfall, denn die Lotterie trägt entscheidend dazu bei, das Bild des behinderten Menschen in der Öffentlichkeit zu verändern.

Mit der Gründung des gemeinnützigen Vereins »Aktion Sorgenkind« und der Ausstrahlung der von Peter Frankenfeld eigens dafür konzipierten Fernsehshows können Mutters und Mohl ihre Ideen umsetzen. Tom wird 1966 in den dreiköpfigen Vorstand gewählt und hat maßgeblichen Einfluss auf die Verteilung der Fördergelder. Hans Mohl, der legendäre Moderator des »Gesundheitsmagazins Praxis«, bezeichnet Tom Mutters später anerkennend als »Finanzminister der Behinderten in Deutschland«.

»Das Fernsehen brachte nicht nur Geld ein, sondern machte die Gesellschaft aufmerksam. 90 Prozent der Gelder für die Behindertenarbeit wurden nun über diese Fernsehlotterie eingenommen. Doch es waren nicht nur Persönlichkeiten, die das Interesse für behinderte Menschen in der Gesellschaft weckten. Es war die Aktion selbst.«

Nicht zuletzt durch die öffentlichkeitswirksame »Aktion Sorgenkind«, die er mit angestoßen hat, eilt Tom der Ruf als Fachmann für Behindertenarbeit voraus. Als die Bundesregierung auf dem Höhepunkt der Contergan-Affäre einen Experten braucht, fragt man ihn. Am 31. Oktober 1972 wird die »Stiftung Hilfswerk für das behinderte Kind« ins Leben gerufen. Auf Vorschlag der damaligen Bundesgesundheitsministerin Käte Strobel (SPD) wird Tom Mutters in den Vorstand gewählt. Als stellvertretender Vorsitzender des Kuratoriums musste er oft die Sitzungen leiten.

»Das war eine positive Erfahrung für mich. Ich wurde immer wieder um Rat gefragt, da ich mir ein umfassendes Wissen angeeignet hatte, was die Arbeit mit behinderten Menschen betraf. Ich bekam in dieser Zeit viele Angebote von Wohlfahrtsverbänden und ich hätte viel Geld verdienen können. Ich habe sie alle abgelehnt. Geld war zwar wichtig im Leben, aber Geld war nicht alles. Ich hatte andere Pläne.«

Im Jahr 2000 wird aus der »Aktion Sorgenkind« die »Aktion Mensch«. Dr. Bernhard Conrads, Nachfolger von Tom Mutters im Vorstand des Vereins und einer der anfangs wenigen Motoren der Namensänderung, beschreibt, wie es dazu kam: »Schon seit Anfang der 80er Jahre kommt immer wieder Kritik an der ›Aktion Sorgenkind‹ und ihrem Namen auf. Ständig anwachsend war der Widerstand dagegen, dass durch das so medienstarke ZDF das Menschenbild ›Sorgenkind‹ gezeichnet wurde. Gleichwohl erschien es auf den ersten Blick abwegig, einen Namen, der höchste Bekanntheitsgrade in der Bevölkerung aufwies (mehr als 90 Prozent) und im Lotteriebereich sehr erfolgreich war, einfach abzuschaffen. Trotz dieser Bedenken und der befürchteten Einbußen bei den Lotterieeinnahmen wagte man den Schritt. Mit Erfolg: Die »Aktion Mensch«-Lotterie erzielt bis heute Rekordumsätze und unterstützt weiterhin viele Initiativen der Behindertenarbeit.« Tom Mutters gehörte fast 30 Jahre lang dem Vorstand der »Aktion Sorgenkind« an und wurde danach ihr Ehrenmitglied.

Nach seinem Tod überreichte der Geschäftsführer von »Aktion Mensch«, Armin von Buttlar, der Familie Mutters einen Bildband mit dem Titel »Danke für 30 gemeinsame Jahre«. Darin heißt es:

»Eilig, zielstrebig, immer mit zwei übervollen Aktentaschen, immer lächelnd. Ein Mann, der wie kein anderer mitreißen und überzeugen konnte. So sehen wir ihn vor uns im Kuratorium, im Vorstand, so bleibt er uns in Erinnerung: ›Tom, der Gründer‹ und ›charismatische Stratege‹. Sein Leben lang hat er Projekte angestoßen, in wichtigen Funktionen begleitet und weiterentwickelt. Auch bei der Gründung der ZDF-Fernsehlotterie ›Aktion Sorgenkind‹ hat er mitgewirkt.

Heute sind wir die ›Aktion Mensch‹ und fördern Projekte für Menschen mit Behinderung sowie für Kinder und Jugendliche, zu denen inzwischen viele tausend Projekte der Lebenshilfe zählen. Mehr als 400 Ortsvereinigungen sind in der 30-jährigen Zeit entstanden, als Tom Mutters Lebenshilfe-Geschäftsführer war. Unermüdlich arbeitete er darauf hin, Menschen mit geistiger Behinderung aus ihrem gesellschaftlichen Stigma herauszulösen. Für sie wollte er Bildung, Integration in die Gesellschaft und die Gemeinde, für sie sollten kleine Wohnheime entstehen statt großer Verwahranstalten.

Vor allem in den Köpfen der Eltern und Angehörigen von Kindern mit Behinderung hat er etwas bewegt. Er war es, der Eltern ermutigte, ihre behinderten Kinder nicht zu verstecken, sondern sich hinter sie zu stellen. Sich mit ihnen öffentlich zu zeigen. Mehr noch: sich zu organisieren und ihre Rechte einzufordern. Die Inklusion, wie wir sie heute verstehen, hat er mit dieser Haltung mit auf den Weg gebracht.

Tom Mutters war auch ein Ermutiger. Und wir, die ›Aktion Mensch‹, haben vieles ermöglicht, was er initiiert hat.«

Die Gründer der Aktion Sorgenkind, von links: Hans Mohl, Prof. Dr. Karl Holzamer und Tom Mutters 1986 auf der Feier zum 80. Geburtstag des früheren ZDF-Intendanten.

Tom Mutters als Chef

Von Dr. Bernhard Conrads, Bundesgeschäftsführer der Lebenshilfe von 1989 bis 2009.
Seit 2011 Erster Vizepräsident von Special Olympics Deutschland

Ich betrat das Büro von Tom Mutters in der Bundeszentrale in Marburg-Cappel erstmals im späten Winter 1979 zu einem Bewerbungsgespräch. Ein Teil des Büros war dominiert durch einen runden Couchtisch mit repräsentativer Schieferplatte, umrahmt von drei bequemen Sesseln. Eine freundliche Sekretärin bot Kaffee und Kekse an. Vor mir saßen der Bundesgeschäftsführer der Lebenshilfe, Tom Mutters und – im Rollstuhl – der Schatzmeister der Bundesvereinigung, Gerd Bonn-Meuser, hauptberuflich Top-Manager im Bayer-Konzern.

»Der Mutters, das ist ein guter Typ, ein Managertyp, ein echter Holländer«, so hatte mich vorher der damalige Lebenshilfevorsitzende aus Würzburg, Erwin Hanft – ein Freund meines Schwiegervaters – eingestimmt. »Die Bundeszentrale, das ist ein guter Laden, da kannst Du hingehen«, so sein Rat.

Wir, Herr Mutters, Herr Bonn-Meuser und ich, spielten mit offenen Karten. Ich legte meine Motivation dar: Als Unternehmensberater wollte ich Wissen und Erfahrungen in Management und Marketing im sozialen Bereich einsetzen, auch mit professionellen Methoden. Und Mutters suchte einen »Macher«, der Geld beschafft und die Lebenshilfe bekannter macht.

Dabei stellte er schon im ersten Gespräch klar: Übliche Arbeitszeiten könnte ich vergessen, und manchmal müsse auch der Beruf vor der Familie stehen. »Das halten Familien aus, wenn man stolz auf den Vater ist.« Er selbst habe vier Söhne. Als Berater war mir diese Einstellung nicht fremd – allerdings wollte ich hohen Einsatz nur bei einem Arbeitgeber fahren, mit dem ich mich hundertprozentig identifizieren konnte.

Hier spielte Mutters seine Stärke »gnadenlos« aus. Seine Begeisterungsfähigkeit und sein Charisma nahmen mich gefangen ... und so endete meine Karriere in der »Freien Wirtschaft« – bei anderen Non-Profit-Stellenangeboten hatte ich abgesagt, und meine Tätigkeit unter der Geschäftsführung von Tom Mutters und als Bereichsleiter »Sozio-Marketing und Öffentlichkeitsarbeit« begann.

Tom Mutters war damals 61, wirkte jedoch jugendlich. In der Folgezeit sollte ich erfahren, dass er begeisterter Skifahrer und Tänzer war – kein Betriebsausflug und kaum eine Weihnachtsfeier, die nicht mit einem »Tänzchen« geendet haben.

Im Laufe der 80er Jahre und auf Basis sich sehr positiv entwickelnder Spendeneinnahmen wuchs die Belegschaft auf etwa 90 Köpfe. Auch die Führungsriege wurde größer: Diese sechsköpfige Gruppe hauptamtlicher Kräfte bildete mit Tom Mutters an der Spitze die »BLK«, die Bereichsleiterkonferenz, ein hauptamtliches Kraftfeld in der Lebenshilfe. Und Tom Mutters wollte das so. Ein Credo von ihm war, dass die Lebenshilfe als Elternvereinigung nur dann überleben könne, wenn auf Augenhöhe und partnerschaftlich auch Fachleute am Werke sind. Auf allen Ebenen – auch an der Spitze der Bundesvereinigung.

Meine und unsere Beziehung zu Herrn Mutters war sicherlich auch aufgrund des Altersunterschieds – als ich eingestellt wurde, war ich 35 Jahre alt – durch Bewunderung, Respekt, ja auch durch Ehrfurcht geprägt. Gleichwohl entstand und bestand zwischen Tom Mutters und uns eine wohltuende Basis der Sympathie. Mutters selbst führte uns an der langen Leine. Sein Maßstab war »Effizienz«. Dieser Begriff fiel fast so häufig wie »Entbürokratisierung«. Damit jedoch meinte er nicht die Lebenshilfe, sondern die Sozialhilfeverwaltungen. Bürokraten waren ihm ein Graus – und daraus machte er keinen Hehl. So hielt Mutters auch mit mancher Attacke nicht hinterm Berg, dort wo andere vielleicht mit mehr »Geschmeidigkeit« Diplomatie hätten walten lassen.

Tom Mutters war ein begeisterter Autofahrer. Öffentliche Verkehrsmittel? Eher nicht – da war er abhängig von Dritten. Das wollte er nie sein, auch nicht im Verhältnis zu anderen Verbänden. Daher wurde die Bundesvereinigung der Lebenshilfe – bei aller Kooperationsbereitschaft – auch nicht Mitglied eines der sechs Spitzenverbände des Freien Wohlfahrtspflege. Sein Fahrstil hat also auch ein wenig abgefärbt auf seine Art und Weise, zu führen, zu koalieren und etwas zu bewirken:

Auch sein Führungsstil lässt sich mit seinem Fahrstil vergleichen: Hohes Tempo, draufgängerisch, abrupt bremsen, wenn es sein muss, auch mal Risiken eingehen, trotzdem den Überblick behalten. Eher spontan als strategisch, mit dem untrüglichen Blick für das Wesentliche. Es gab Mitarbeiter, die auf Dienstreise lieber mit Zug gefahren sind als mit ihrem Chef. Ich gehörte nicht dazu, ich habe mich bei ihm sicher gefühlt – im Auto und bei meiner Arbeit.

Tom Mutters war ein Motivator, ein Mann, der seine Mitarbeiterinnen und Mitarbeiter begeistern konnte, eine Führungskraft mit natürlicher Autorität. Er war aber auch ein Chef, der feiern konnte; die vormittaglichen Geburtstageinladungen bei ihm zuhause mit seiner Frau Ursula und im Kreis der Familie waren für uns in der Führungsriege der Bundeszentrale »Legende«.

Eine Besonderheit war sicher das Verhältnis des Bundesgeschäftsführers Mutters zum Bundesvorstand. Wenngleich formal als hauptamtlicher Geschäftsführer dem Bundesvorstand nachgeordnet, genoss er als Gründer der Lebenshilfe übergreifenden Respekt. Und mancher fragte sich verschmitzt, wer gerade »unter Mutters« Vorstand ist. Damit tat man ihm und den jeweiligen Vorsitzenden jedoch Unrecht. Bundesvorsitzende wie Staatssekretär a. D. Ludwig von Manger-König, Ministerin a. D. Annemarie Griesinger oder in früheren Jahren Professor Mittermaier oder der Mitgründer Bert Heinen, Jugendrichter aus Bonn – um nur einige wichtige Vorstände aus früheren Jahren zu nennen – genossen bei Herrn Mutters hohen Respekt.

Natürlich setzte oder ermöglichte Tom Mutters stets programmatische Akzente – etwa dadurch, dass die Bundesvereinigung das Normalisierungsprinzip – in Skandinavien entwickelt – für Deutschland und auf europäischer Ebene vorantrieb. Oder – anfangs zögerlich, dann aber mit bedachter Konsequenz die Tür zur

Schokotorte zum 95.: Klaus Lachwitz (links) und Dr. Bernhard Conrads (rechts) gratulieren Tom Mutters zum Geburtstag.

Integration aufstieß. Oder sich dafür aussprach, dass auch Menschen mit geistiger Behinderung ein Recht auf Sexualität und Partnerschaft haben. Oder mit offensiver Öffentlichkeitsarbeit gegen Vorurteile anging. Oder zum sozialpolitischen Motor wurde.

Sein Einsatz für das Lebensrecht behinderter Menschen ist beispielgebend, auch wenn ein Symposium, das er Anfang 1989 als Schlussakkord seiner hauptamtlichen Tätigkeit geplant hatte, wegen externen Drucks abgesagt werden musste, obwohl klar war, dass Tom Mutters den Lebenswert und das Recht auf Leben keines Menschen – behindert oder nicht – in Frage stellen würde (»Singer-Affäre«; vgl. S. 119ff.).

Für mich war und ist es eine Ehre, Nachfolger von Tom Mutters zu sein. Und natürlich habe ich es begrüßt, dass er sein Know-how eingebracht hat, als wir nach der Wende den Aufbau der Lebenshilfe in den Neuen Bundesländern auf den Weg brachten.

Tom Mutters blieb bis zum Ende seiner Dienstzeit und darüber hinaus »Tom der Gründer«. Schon immer und verstärkt in den 1980er Jahren suchte Tom Mutters sein Betätigungsfeld weltweit: Indien, ferner Osten, in einigen Ländern Afrikas, Russland, Weißrussland, die Ukraine, Saudi-Arabien – überall bewies Mutters seine charismatischen Qualitäten und sein Wissen um den Aufbau von Organisationen.

Für uns in der Heimat war sein internationaler Einsatz, der ihn oft von Marburg fernhielt, ein ungeheurer Vertrauensvorschuss. Dabei legte er es nicht darauf an, beliebt zu sein oder gar geliebt zu werden. Nur wenigen und nur selten gelang es, den »Menschen Tom Mutters« zu erschließen. Es blieb durchweg eine ehrfurchtsvolle Distanz, wohl von ihm so gewollt und von seinem Umfeld respektiert. Wir alle als seine Wegbegleiter empfinden uneingeschränkte Hochachtung, große Bewunderung und einen Grad an Wertschätzung, wie nur ein Gründer ihn erfahren kann, dessen Werk, Werden und Wachsen auch nach 60 Jahren des Bestehens absehbar nicht am Ende ist.

12 | Der internationale Gedanke

»Die Vereinten Nationen haben uns unterstützt. Sie haben Deklarationen verabschiedet, die die Menschenrechte dieser Welt proklamierten. Dies geschah aufgrund von Vorschlägen unserer Vereinigung. Die Vereinten Nationen haben die Menschenrechte verkündet – und darauf kann man sich berufen: Ein Mensch ist ein Mensch. Er hat die gleichen Rechte, ob er behindert ist oder nicht.«

Tom Mutters auf einem Kongress der Internationalen Liga von Vereinigungen für Menschen mit geistiger Behinderung in Kuweit Mitte der 60er Jahre.

Tom Mutters war in über 80 Staaten der Erde ein stets willkommener, sachkundiger Gast. Er initiiert die Zusammenarbeit auf europäischer und internationaler Ebene. Schon zwei Jahre nach der Gründung im Jahr 1960 legte die Lebenshilfe zusammen mit ihren Schwesterorganisationen in Großbritannien und den Niederlanden die Grundlage für eine Internationale Liga von Vereinigungen für Menschen mit geistiger Behinderung (International League of Societies for Persons with Mental Handicap). Zunächst eine europäische Vereinigung, wurde sie bald eine weltweit aktive Organisation. Heute heißt sie »Inclusion International« mit Sitz in London. Mehr als 200 Vereinigungen in 115 Ländern sind Mitglied. »Inclusion Europe« heißt der sehr aktive Zusammenschluss auf europäischer Ebene. Die Bundesvereinigung Lebenshilfe ist in allen führenden Gremien vertreten.

>*Zu den vielen internationalen Beziehungen während der Goddelau-Zeit gehörte unter anderem auch der Kontakt zu Rosemarie Dybward in den USA. Sie war zu der Zeit für die amerikanische Elternvereinigung NARC (National Association for Retarded Children) tätig und zuständig für den Sektor ›Internationale Kontakte‹. So unterhielt sie Verbindungen zu privaten Vereinigungen und Initiativen in verschiedenen Ländern der Welt. Die Fäden zu solchen Gruppierungen in Europa liefen jedoch vornehmlich über mich. So konnte ich, nach Gründung der Lebenshilfe, an einer internationalen Konferenz in Sonneberg im Harz Ende 1959 mit Kollegen aus England, meinem Freund George Lee, und aus den Niederlanden Gerrit van Dyk, teilnehmen. Gemeinsam mit diesen beiden Kollegen kam es dann 1960 zur Gründung einer internationalen Vereinigung für Menschen mit geisti-ger Behinderung.«*

In den 1970er-Jahren schloss die Lebenshilfe ihre ersten Kooperationen mit Initiativen und Projekten in verschiedenen Regionen der Welt. Hospitantinnen und Hospitanten, vor allem aus der sogenannten Dritten Welt, kamen auf Einladung von Tom Mutters nach Deutschland. Mutters selbst beschreibt ein Beispiel:

> »Ich lud eine junge Frau aus Indien ein, um ihr die Möglichkeit zu geben, die Arbeit der Lebenshilfe kennen zu lernen. Sie hieß Sarah und war in Indien Lehrerin an einer Sonderschule für behinderte Kinder und Jugendliche. Eine sehr intelligente Frau. Sie lernte sehr schnell die deutsche Sprache und blieb ein Jahr bei uns in Deutschland. Nach ihrer Rückkehr hat sie in ihrer südindischen Heimatstadt die Lebenshilfe gegründet, die dort auch so heißt und bereits sehr viel erreicht hat.«

Wie ein roter Faden zieht sich der internationale Gedanke durch das Wirken von Tom Mutters. Schon Anfang der 1950er Jahre nutzt er sein Amt als Verbindungsoffizier bei den Vereinten Nationen, um grenzüberschreitend Kontakte zu knüpfen, sich Anregungen zu holen und Impulse zu setzen. So wurde etwa in den Jahren 1956

Professor Gunnar Dybwad (rechts) im Gespräch mit dem Geschäftsführer der Bundesvereinigung Lebenshilfe, Tom Mutters.

und 1957, in denen er in England und den USA enge Kontakte mit den dort bestehenden Elternvereinigungen aufnahm, der Grundstein für sein späteres Lebenswerk gelegt. Dem Einladungsschreiben zur Gründungsversammlung der Lebenshilfe 1958 lag unter anderem das Programm der amerikanischen Elternvereinigung NARC bei.

Selbst nach seinem Ausscheiden als Bundesgeschäftsführer ist Tom weiterhin unermüdlich unterwegs, hält Vorträge und setzt sich für internationale Projekte ein. Von 1989 bis 1997 behält er noch ein Büro in Marburg-Cappel. Seine langjährige Sekretärin, Inge Günther, erinnert sich: »Obwohl er ja nominell im Ruhestand war, hatte er noch viel für mich zu tun. Oft rief er mich sogar von zu Hause aus an und diktierte los.«

Mutters, der Kosmopolit

Von Klaus Lachwitz, Bundesgeschäftsführer der Lebenshilfe von 2009 bis 2011 und seit 2010 Präsident von »Inclusion International«

Als Tom Mutters noch in seiner Eigenschaft als Offizier der Vereinten Nationen eines der Mädchen mit geistiger Behinderung, die 1945 das furchtbare Elend in den Konzentrationslagern der Nationalsozialisten überlebt hatten und von ihm als sogenannte Displaced Persons in Goddelau betreut wurden, endlich zu seiner in die Vereinigten Staaten ausgewanderten leiblichen Mutter bringen konnte, lernte er das Ehepaar Rosemary und Gunnar Dybwad kennen, zwei große Kämpfernaturen, die zu den Gründern der US-amerikanischen Elternvereinigung The ARC (später NARC), zählten.

Sie vermittelten ihm die Botschaft: »Hilfen für Menschen mit einer geistigen Behinderung können nur dauerhaft erwachsen, wenn Eltern und Angehörige die Initiative ergreifen und die erforderlichen Dinge selbst in die Hand nehmen.« »Hilfe zur Selbsthilfe« durch die Gründung lokaler Elternvereine, das war die Losung!

Tom Mutters hat sie aufgegriffen und auf meisterhafte Weise verwirklicht, denn er hat nicht nur die Lebenshilfe, sondern im Jahr 1960 gemeinsam mit Rosemary und Gunnar Dybward, Yvonne Posternak, Schweiz, George Lee, Großbritannien und Donald Beasley, Neuseeland, die Internationale Liga für Menschen mit geistiger Behinderung (ILSMH) gegründet, den Weltverband, der heute den Namen »Inclusion International« trägt und etwa 200 Mitgliedsorganisationen in 115 Staaten umfasst.

Zeit seines Lebens war Tom Mutters international ausgerichtet. Er wirkte in Deutschland, aber er war und blieb holländischer Staatsbürger, immer aufgeschlossen für wichtige Impulse aus aller Welt. Offen etwa für das Normalisierungsprinzip, das vor allem in Skandinavien entwickelt worden ist und den Gedanken der Inklusion und Teilhabe, der unsere heutige Arbeit prägt, bereits vorweggenommen hat.

Er hat die Höhenflüge der Lebenshilfe, die in den 1970er Jahren einsetzten, auch dazu genutzt, Menschen und Selbsthilfegruppen aus den ärmeren Ländern dieser Welt zu unterstützen.

Unvergessen ist mir eine von ihm organisierte Reise für die Fachabteilungen der Bundesvereinigung Lebenshilfe Anfang der 1980er Jahre nach Dänemark und Schweden, um uns das bereits erwähnte Normalisierungsprinzip und seine Umsetzung in Gesetzgebung und Praxis nahezubringen.

Unvergessen auch sein Einsatz zur Durchführung des ersten europäischen Kongresses für Menschen mit geistiger Behinderung und ihre Familien im Jahr 1984 in Hamburg, als es ihm gelang, Prof. Wolf Wolfensberger als Hauptredner zu gewinnen und einzuladen. Wolfensberger, den großen Vorkämpfer für den Gedanken der Selbstvertretung – Self Advocacy – von Menschen mit geistiger Behinderung, der 1938 vor den Nazis in die USA fliehen musste und eigentlich nie wieder deutschen Boden betreten wollte.

Auch ich ganz persönlich habe Tom Mutters viel zu verdanken. Ohne ihn, ohne seine Anstöße wäre ich heute nicht Präsident von »Inclusion International«. Er hat es mir ermöglicht, bereits im Jahr 1986 in den Vorstand der Internationalen Liga gewählt zu werden und internationale Kontakte zu knüpfen.

Tom Mutters war ein Kosmopolit, er war mit seinen Gedanken, und Plänen seiner Zeit immer ein Stück voraus. 1989, als die Mauer fiel und die deutsche Teilung beendet wurde, war er sofort zur Stelle. Er half nicht nur mit vollem Einsatz, die Lebenshilfe DDR zu gründen, nein, er dachte gleich weiter: Er nutzte seine internationalen Verbindungen, um in Russland, in der Ukraine, in den baltischen Ländern den Gedanken der Selbsthilfe zu verkünden.«

13 | Im Rampenlicht

Schon im Jahr 1960 weist ein Artikel im Magazin »Der Spiegel« (20/1960) auf Gemeinsamkeiten zwischen dem amerikanischen Präsidenten John F. Kennedy und dem holländischen Pädagogen Tom Mutters hin. Unter der Überschrift »Nicht zaudern« geht es um den Einsatz für geistig behinderte Menschen.

»Wir müssen den geistig Behinderten die gleiche Gelegenheit zur vollwertigen sozialen Entwicklung schaffen, auf die jedes amerikanische Kind Anspruch hat«, wird der damalige US-Präsident zitiert.

Auch Tom Mutters kommt in dem Beitrag zu Wort. Darin weist er auf die »groteske Situation« hin, dass Eltern dafür, dass ihre behinderten erwachsenen Kinder in einer Werkstatt »arbeiten dürfen«, bis zu 800 Mark im Monat zahlen müssen. In vielen Bundesländern würden außerdem von den Eltern Gebühren erhoben, wenn ihr Kind auf eine Sonderschule geht. Sie müssen zahlen, sofern ihr Einkommen den festgesetzten Betrag übersteigt, während »der Staat für die Bildung und Erziehung nicht geschädigter Kinder die Schulgeldfreiheit gewährt.«

Interessanterweise ist das öffentliche Eintreten für behinderte Menschen längst nicht die einzige Parallele im Leben der zwei Männer:

Kennedy und Mutters wurden beide im Kriegsjahr 1917 geboren, beide werden von ihren Zeitgenossen als charmante und charismatische Macher beschrieben, die sich bedingungslos für ihre Sache einsetzen, und ebenso hartnäckig wie mitfühlend ihr Ziel verfolgen.

Hinter dem Engagement des amerikanischen Präsidenten steht allerdings der Einfluss seiner Schwester Eunice (1921 bis 2009), die sich Zeit ihres Lebens als Fürsprecherin behinderter Menschen versteht.

Dies wird auch drei Jahre später deutlich, als Kennedy am 23. Juni 1963 zum ersten Mal die Bundesrepublik Deutschland besucht. In einem Artikel des General-Anzeigers ist zu lesen: »Bonn im Ausnahmezustand. John Fitzgerald Kennedy, 35. Präsident der Vereinigten Staaten von Amerika, besucht die Hauptstadt. Er ist ein Symbol für eine neue Zeit, für Jugendlichkeit und Aufbruch. Mit dabei Kennedys Schwester Eunice Shriver. Während Kennedy sich offiziell ins Goldene Buch der damaligen Hauptstadt einträgt, besucht sie ein Heim für geistig und körperlich behinderte Kinder in Graurheindorf.«

Eunice war es, die John F. überzeugte, dass es höchste Zeit sei, endlich Menschen mit Behinderung in den USA anzuerkennen, dafür zu sorgen, dass sie Rechte hätten, wie jeder andere Amerikaner. So war Kennedy auch der erste Präsident, der einen behinderten Menschen im Weißen Haus empfing.

Als sich Mütter beklagten, dass sie für ihre behinderten Kinder keine Sommercamp-Plätze bekommen würden, sagte Eunice schließlich: »In einem Monat beginnt ein Camp in meinem Garten. Jeden Tag von neun bis drei. Bringen Sie Ihre Kinder her.« Das war im Sommer 1962. Es war der Anfang der mittlerweile längst weltumspannenden Special Olympics.

Begonnen hatte alles mit der Erkrankung ihrer älteren Schwester Rosemary, um die sich Eunice rührend kümmerte. Rosemary (1918 bis 2005) war das dritte Kind und die erste Tochter von Joseph und Rose Kennedy. Seit ihrer Geburt war sie sehr scheu und litt außerdem an Dyslexie, einer Lese- und Rechtschreibschwäche. Sie lernte spät laufen, schwamm aber begeistert, tanzte gern und schrieb Tagebücher. 1939 machte sie einen Abschluss in Montessori-Pädagogik. Sie nahm rege am sozialen Leben teil und besuchte leidenschaftlich gern Opernaufführungen, Sportveranstaltungen und andere gesellschaftliche Anlässe und wuchs zu einer lebenslustigen Erwachsenen heran.

Nachdem Rosemary das Erwachsenenalter erreicht hatte, wurde sie charakterlich häufiger als eigensinnig bis jähzornig und schwer zu bändigen beschrieben. Als Rosemary 23 Jahre alt war, ließ ihr Vater, der um den guten Ruf der Familie fürchtete, durch seinen Freund Walter Freeman eine Lobotomie vornehmen. Diese Operation galt damals als eine Möglichkeit, Menschen mit einem ungesteuerten Triebleben zu »besänftigen« – jedoch schon damals eine sehr umstrittene Methode. Im Falle von Rosemary hatte die Operation katastrophale Folgen. Die vom Vater erhoffte Verbesserung blieb aus; stattdessen verschlechterte sich ihr Zustand nach der Operation so sehr, dass sie nur noch kindlich vor sich hinbrabbeln konnte, inkontinent wurde und teilweise auf einen Rollstuhl angewiesen war. Joseph Kennedy, der sich seiner nun schwerbehinderten Tochter schämte, ließ sie in die St.-Coletta-Heilanstalt in Wisconsin einliefern, wo sie den Rest ihres Lebens verbrachte. Rosemarys Erkrankung führte dazu, dass ihre jüngere Schwester Eunice Kennedy-Shriver sich um sie kümmerte und auch ansonsten sich für Menschen mit Behinderung einsetzte.

In ihrer Eigenschaft als Präsidentin des 1968 offiziell gegründeten Vereins Special Olympics besuchte Eunice Kennedy-Shriver auch mehrfach Deutschland. Sie starb – hochdekoriert – 2009 im Alter von 88 Jahren.

Auch Toms unermüdlicher Einsatz in der Öffentlichkeit und in den Medien zahlt sich aus. Behindertenarbeit bleibt nicht länger im Schatten verborgen, sondern wird zunehmend von Prominenten entdeckt. In den 1960er Jahren gehen Fernsehstars und hochrangige Politiker in dem kleinen Eigenheim in Marburg-Wehrshausen ein und aus. Tom nutzt diese Popularität für den weiteren Aufbau der Lebenshilfe.

> »Da ich immer bekannter wurde, hatte ich auch entsprechende Kontakte zum Fernsehen und zum Radio. Ich hielt auch Vorträge im Fernsehen, gab Interviews und schrieb selbst Artikel. Die großen Helfer für uns waren die Medien. Sie berichteten immer mehr darüber, wer wir waren und was wir wollten. So wurden wir immer bekannter.«

1970 folgt sogar eine Einladung von Bundespräsident Gustav Heinemann in die Villa Hammerschmidt nach Bonn. Ursula erinnert sich: »Wir sind mit Polizeieskorte hingefahren. Ich hatte Alltagskleidung an, weil es in Strömen regnete. Mein Kleid hatte ich eingepackt. Tom war bereits im Anzug. Als ich sagte, dass ich mich noch umziehen müsse, hielten wir kurz vor dem Ziel bei einer Polizeiwache an. Ich ging dort also normal rein und kam im langen Abendkleid wieder raus. Die Polizisten haben vielleicht Augen gemacht!« Als es an diesem Abend spät wird, spricht die Präsidenten-Gattin spontan eine Einladung zur Übernachtung in der Villa Hammerschmidt aus.

Noch im gleichen Jahr regt Tom die Gründung eines Wohnstättenwerks für geistig Behinderte an. Die Hilda-Heinemann-Stiftung nimmt am 31. Dezember 1970 offiziell ihre Arbeit auf. Schirmherrin der nach ihr benannten Stiftung ist die Gattin des Bundespräsidenten.

Das Schicksal dieser Stiftung ist allerdings ein Beispiel dafür, wie wichtig für eine derartige Organisation der Glanz der Schirmherrschaft ist. Nach dem Tod Gustav Heinemanns am 7. Juni 1976, der selbst eigene Mittel zur Verfügung gestellt hatte, ging der Spendenfluss so weit zurück, dass die Stiftung ihre Arbeit einstellen musste. Das Vermögen übergibt Hilda Heinemann Tom Mutters für die Bundesvereingung Lebenshilfe in Marburg.

1971 folgt eine Audienz für Tom und Ursula mit ihren beiden Söhnen Reinier und Roland im Vatikan. In der Familie wird folgende Anekdote gerne kolportiert: An diesem Tag sollten einige Priester von Papst Paul VI. ausgezeichnet werden. Als das katholische Kirchenoberhaupt den Raum betritt, fallen alle auf die Knie. Reinier und Roland dürfen sich jedoch nicht setzen. Mutter Ursula flüstert ihnen zu: »Wir bleiben stehen, wir sind nicht katholisch.« So wird der Papst auf die Familie Mutters aufmerksam und spricht die beiden an. Entgegen dem Protokoll überreicht der Heilige Vater ihnen die wertvollen Medaillen, die eigentlich die internationalen Würdenträger bekommen sollen. Deren Gesichtszüge entgleisen. Doch das Beste sollte noch kommen: Als die Familie durch die schwere

Eine besondere Situation im Leben von Tom Mutters: Papst Paul VI. empfängt ihn sowie weitere Vorstandsmitglieder der Internationalen Liga von Vereinigungen zugunsten geistig Behinderter in einer Audienz im Februar 1971.

Holztür wieder auf den Petersplatz tritt, stürzt eine Schar von Nonnen auf die Söhne zu und will sie berühren. Was den Mutters bis dahin nicht klar war – die Audienz wurde auf großen Leinwänden nach draußen übertragen und die Menschenmenge auf dem Petersplatz in Rom konnte sehen, dass der Papst Reinier und Roland gesegnet hatte.

Doch Tom steigen solche Begegnungen nicht zu Kopf. Er warnt vor Eitelkeiten. Die Sache steht für ihn im Vordergrund.

»Auch hier in Deutschland waren die Kontakte zu wichtigen Persönlichkeiten wie zum Beispiel dem Bundespräsidenten von großem Vorteil. Diese Kontakte beschränkten sich jedoch auf die Zeit, in der ich ein Amt inne hatte. Ich war in einem Vorstand mit vielen klugen Köpfen zusammen. Die Leute,

die am besten reden können, bekommen schneller Kontakte zu wichtigen Persönlichkeiten. So erlebte ich es auch beim Papst-Besuch. Ich konnte gut reden und konnte gute Kontakte knüpfen. Man muss aber auch mal anderen den Vortritt lassen können und darf sich nicht immer in den Vordergrund drängen.

Ich hatte immer im Hinterkopf, dass ich einer unter vielen bin. Man darf nicht glauben, dass man die wichtigste Person ist. Das ist man überhaupt nicht. In der Zusammenarbeit ist man nur ein Teil. Man muss demokratisch denken. So war das auch mit den internationalen Kontakten.«

Mit Enkel Nico bei der Feier zum 65. Geburtstag.

14 | Die Singer-Affäre

Mit seinen bioethischen Thesen zu Abtreibung und Sterbehilfe erregt der australische Philosoph und Ethiker Peter Singer seit Ende der 1970er Jahre weltweit Aufsehen. Der 1946 geborene radikale Tierschützer veröffentlicht 1979 ein Buch mit dem Titel »Praktische Ethik«. Darin finden sich Thesen wie: »Die Tötung eines behinderten Säuglings ist nicht moralisch gleichbedeutend mit der Tötung einer Person. Sehr oft ist sie überhaupt kein Unrecht.« Bis zu einem Monat nach der Geburt, meint Singer, sei so etwas unter bestimmten Voraussetzungen moralisch erlaubt. Er bestreitet sogar, dass Neugeborene in ihren ersten Tagen ein Recht auf Leben hätten, wenn sie schwer geschädigt seien. Auch bringt er die Frage der Berücksichtigung der Kosten der Lebenserhaltung für schwerkranke und behinderte Menschen ins Spiel. In seinem 1985 gemeinsam mit der australischen Professorin Helga Kuhse veröffentlichten Buch mit dem Titel »Muss dieses Kind am Leben bleiben?« (Original: »Should the baby live?«) spitzt er diese Thesen noch zu.

Tom ist außer sich. Durch seine Arbeit mit behinderten Kindern war er schon früh mit ideologischen Begriffen wie »unwertes Leben« und »Nutzen für die Volksgemeinschaft«, mit denen die Nazis ihre Verbrechen an der Menschlichkeit rechtfertigten, konfrontiert worden. Immer wieder weist er in Interviews auf die Gefahren hin, die von solchen Äußerungen ausgehen.

> *»Schon jetzt sehen wir, dass immer mehr betriebswirtschaftliche Überlegungen in die Behindertenhilfe eingehen. Ich befürchte, dass sich das Kosten-Nutzen-Denken noch verstärkt. Dem müssen wir etwas entgegensetzen. Menschenwürde darf nicht gegen Geld und Kosten aufgerechnet werden. Eine*

andere großes Gefahr sehe ich in der sogenannten Bio-Ethik.
Wir sind soweit, dass wir Menschen nach unserem Willen
produzieren wollen, wie schon Hitler das wollte. Und ich bin
überzeugt: Wenn das möglich ist, wird es auch gemacht. Aber
wer bestimmt letztendlich über die ›Qualität‹ des Menschen?
Wir müssen versuchen, dieser Ideologie Grenzen zu setzen,
solange es noch geht.«

Die Thesen Singers wühlen ihn auf. Er schmiedet einen Plan. Vom
4. bis 8. Juni 1989 will die Bundesvereinigung Lebenshilfe zusammen mit dem niederländischen Bishop-Bekkers-Institut in Marburg
ein Symposium zum Thema »Biotechnik – Ethik – geistige Behinderung« veranstalten. Als eine seiner letzten »Amtshandlungen« will
er Singer, der in Princeton in den USA lehrt, einladen und dessen
Thesen als moralisch extrem verwerflich brandmarken. Renom-
mierte Experten sollen ihm dabei helfen. Tom selbst übergibt in
dieser Zeit nach 30 Jahren an der Spitze der Bundesvereinigung die
Führung in jüngere Hände.

Doch sein Vorhaben geht nach hinten los und Toms eigentliche
Intention wird gründlich missverstanden. Als bekannt wird, dass
die Lebenshilfe Peter Singer nach Marburg eingeladen hat, hallt
ein Aufschrei der Entrüstung durch das Land. Viele Menschen mit
Behinderungen und ihre Interessenverbände wie die »Krüppelbewegung« laufen Sturm. Ihre Befürchtung: Mit der Einladung des
umstrittenen Wissenschaftlers zu diesem Fachkongress werte die
Lebenshilfe dessen höchst umstrittene Thesen auf. Kritiker mahnen
an, dass Singer durch die Einladung nach Deutschland erst hoffähig
gemacht werde.

Der neue Bundesgeschäftsführer, Dr. Bernhard Conrads, distanziert sich für die Bundesvereinigung Lebenshilfe entschieden
von den Thesen Singers und stellt klar, dass die Lebenshilfe aktive
Sterbehilfe bei Menschen mit Behinderung jeglichen Alters strikt
ablehnt. Doch es ist bereits zu spät.

Vor dem Gebäude der Bundeszentrale in Marburg-Cappel de-
monstrieren viele hundert behinderte Menschen mit dem Slogan

»Wir lassen nicht über unser Lebensrecht diskutieren«. Tom hat die Brisanz des Themas unterschätzt und kann die Absicht, die hinter der Einladung steckte, nicht klarmachen. Schließlich beugt sich die Spitze der Lebenshilfe dem Druck und lädt Peter Singer unmittelbar vor dem Symposium per Fax wieder aus.

Auch die Universität Dortmund, die Singer im Mai des gleichen Jahres zu einem Fachvortrag vor Sonderpädagogen eingeladen hatte, muss den Termin nach massiven öffentlichen Protesten kurzfristig absagen.

Die Schatten der Vergangenheit

Sensibilisiert durch die »Singer-Affäre« wendet sich die kritische Öffentlichkeit ab 1992 zwei Wissenschaftlern zu, die die Gründung der Lebenshilfe und die Aufbauarbeit von Tom aktiv begleitet haben. Viele Mediziner, die in die Vernichtung behinderten Lebens während der NS-Zeit verstrickt waren, konnten in der jungen Bundesrepublik ihre akademische Karriere ungehindert fortsetzen. Dazu zählten auch Prof. Werner Villinger (1887 bis 1961) und Prof. Hermann Stutte (1909 bis 1982).

Stutte hatte als Villingers Mitarbeiter nach dem Zweiten Weltkrieg in Marburg die Kinder- und Jugendpsychiatrie der Philipps-Universität aufgebaut. Beide Wissenschaftler waren während der NS-Herrschaft aktiv in das Programm zur Verhütung erbkranken Nachwuchses eingebunden. So war Villinger, seit 1937 Mitglied der NSDAP, unter anderem ab 1941 als Euthanasie-Gutachter für das T4-Programm tätig. Hermann Stutte, sein Schüler, hatte bereits seit 1934 im Rahmen von Erbgesundheitsgerichtsverfahren in Gießen und Tübingen Anträge auf Unfruchtbarmachung gestellt und als Gutachter gearbeitet. Er war ebenfalls Mitglied der NSDAP und der SA. In einem Text zum 60. Geburtstag seines Chefs Villinger 1947 taucht der Begriff »diagnostische Abartigkeit« wieder auf, eine Formulierung aus der NS-Rasseforschung.

Beide Wissenschaftler erhielten in der Bundesrepublik hohe Ehrungen, unter anderem das Bundesverdienstkreuz für Villinger, und waren in Europa auch nach Kriegsende noch viel gefragte Koryphäen auf dem Gebiet der Kinderpsychologie.

Nach Bekanntwerden ihrer Vergangenheit änderte sich dies. Auch die Lebenshilfe-Führung relativiert nach Bekanntwerden der Verstrickungen offiziell ihr Verhältnis zu Villinger und Stutte. In einer Chronik heißt es: »Obwohl beide in den Aufbaujahren der Lebenshilfe viel geleistet haben, hat sich auf ihr Lebenswerk für immer der Schatten ihrer NS-Vergangenheit gelegt.«

In einem Interview mit einer Marburger Lokalzeitung Anfang der 1990er Jahre wird Tom Mutters nach Stuttes SA- und NSDAP-Mitgliedschaft gefragt, von der er zuvor freilich noch nichts wusste:

»Wenn ich die politische Vergangenheit der Menschen damals als Maßstab genommen hätte, dann hätte ich nichts erreicht. Das Gleiche gilt für meine Arbeit in Zentral- und Osteuropa vor dem Hintergrund der verheerenden Folgen der menschenverachtenden kommunistischen Ideologie über geistig behinderte Menschen«.

Die stellvertretende Vorsitzende der Lebenshilfe, Maren Müller-Erichsen schildert den Moment, als die Vergangenheit der beiden Wissenschaftler ans Licht kommt, so: »Wir waren betroffen und entsetzt ... Unsere ethischen Grundsätze sind nicht vereinbar mit dem Denken und Tun der Ärzte während der Nazi-Zeit.«

Tom fordert auch nach seinem Ausscheiden als Bundesgeschäftsführer der Lebenshilfe immer wieder, wachsam zu bleiben:

>*Weltweit verkündete Menschenrechte werden immer mehr durch bio-ethische Überlegungen und medizintechnische Möglichkeiten in Frage gestellt. So müssen wir nach allem Erreichten in jahrzehntelanger Lebenshilfearbeit mehr denn je auf der Hut sein, unser Wächteramt mit neuem Leben und*

neuen Aktivitäten füllen. Wir müssen immer wieder zusammen mit Behinderten auf die Barrrikaden steigen und ihre Lebensrechte, ihr Recht auf Gleichstellung und als Mensch unter Menschen leben zu können, verteidigen und einfordern. Allerdings soll bedacht sein: Diese Rechte können durch gesetzliche Maßnahmen und entsprechende Verwaltungsregelungen allein nicht gewährleistet werden.«

15 | Déjà-vu im Osten

Nach dem Mauerfall 1989 wird in Tom Mutters der alte Pioniergeist wieder geweckt. Er orientiert sich noch stärker in Richtung Osteuropa. Dort leben die Menschen mit geistiger Behinderung häufig noch immer in katastrophalen Verhältnissen. Die Lebenshilfe gründet Partnerschaften mit den sich entwickelnden Selbsthilfeorganisationen unter anderem in Russland, Weißrussland, der Ukraine der Slowakei und Tschechien.

> »Nach dem Zusammenbruch des Kommunismus war mir klar, dass die Lage für geistig Behinderte dort sehr schlecht ist und dass man etwas tun muss. Bei meinen Besuchen vor allem in Russland, der Ukraine und den baltischen Staaten hat sich das bestätigt. Die Eltern mussten ihre geistig behinderten Kinder abgeben, durften sie danach nicht einmal besuchen, und die Kinder verschwanden in irgendwelchen Elendsstätten. Viele starben früh aufgrund der kümmerlichen Situation. Leider war es bei den Kommunisten so ähnlich wie bei den Nazis: Geistig behinderte Menschen galten nicht als lebenswert, weil sie angeblich nichts zum Bruttosozialprodukt beitragen konnten. Deshalb bekamen sie keine Hilfen. Da musste etwas geschehen.

Schnell nach der Grenzöffnung hatten Angehörige von Menschen mit geistiger Behinderung aus der damaligen DDR Kontakte zur »Lebenshilfe West« gesucht. Denn Selbsthilfe war bis dato in der DDR unterdrückt worden. Das SED-Regime wünschte keine Zusammenkünfte von Eltern, die an den Zuständen hätten Kritik üben können. Trotz engagierter Bemühungen zumeist kirchlicher Träger gab es so gut wie keine Hilfen für Menschen mit geistiger Behinderung und ihre Familien.

Im Gegenteil: Der SED-Führung waren Organisationen wie die Lebenshilfe ein Dorn im Auge, waren sie doch basisdemokratisch organisiert.

Schon seit Mitte der 1980er Jahre besucht Tom regelmäßig die DDR und sucht den Kontakt zu Eltern behinderter Kinder.

>>*Dort gab es noch viele große Anstalten. Aber in einigen Städten wie zum Beispiel Leipzig gab es auch positive Ansätze. Ich hielt an verschiedenen Orten Vorträge und schmuggelte Lebenshilfe-Broschüren und Infomaterial in die Deutsche Demokratische Republik. Dies gab vielen Eltern Hoffnung.*<<

Bei einem dieser Besuche kommt es zu einem Zwischenfall. Nach einem Vortrag ist es spät geworden und er übernachtet spontan in

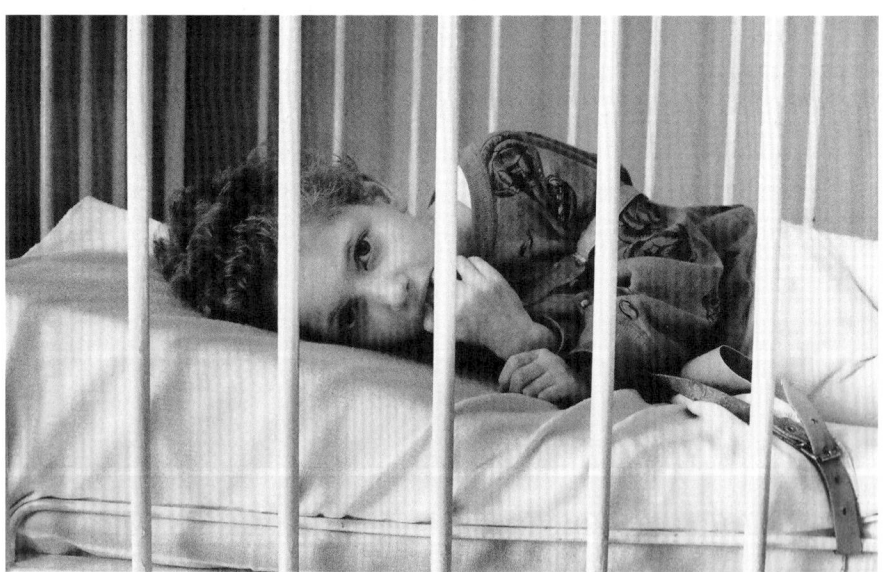

Weggesperrt: Kinder im Gitterbett nach dem Mauerfall in der damals noch existierenden DDR.

126

Ost-Berlin. Für Ausländer ist dies streng verboten. Tom wird erwischt und von der Staatssicherheit verhört. Nach einigen Stunden darf er jedoch gehen und über den Checkpoint Charlie wieder in die Bundesrepublik einreisen.

Jahre später sollten Toms Bemühungen Früchte tragen. Ende Januar 1990 hatte sich während einer von seinem Nachfolger Dr. Bernhard Conrads organisierten Tagung der »alten« Bundesvereinigung Lebenshilfe in Marburg eine Gruppe von DDR-Eltern und Fachleuten organisiert, die eine »Konzeption zur Partnerschaft« entwickelte. Die Initiativgruppe bereitete schließlich auch die Gründung des Lebenshilfe-Dachverbandes auf dem Gebiet der DDR am 7. April 1990 vor.

Nach der Wiedervereinigung trat am 9. und 10. November 1990 die erste gesamtdeutsche Mitgliederversammlung der Bundesvereinigung Lebenshilfe zusammen. Aus der jungen DDR-Lebenshilfe und der Lebenshilfe der »alten« Länder wurde eine starke gesamtdeutsche Gemeinschaft mit über 500 örtlichen Vereinigungen und 16 Landesverbänden. In mehr als 4.200 Einrichtungen und Diensten der Lebenshilfe werden heute rund 170.000 behinderte Kinder, Jugendliche und Erwachsene gefördert und begleitet. Rund 60.000 hauptamtliche und etwa 15.000 ehrenamtliche Mitarbeiterinnen und Mitarbeiter sind mit diesen Aufgaben betraut.

Initiator und Vordenker – Was bleibt?

Von Prof. Dr. Jeanne Nicklas-Faust,
amtierende Bundesgeschäftsführerin der Lebenshilfe

Mit der wegweisenden Gründung der Lebenshilfe als Verband von Eltern und Fachleuten, der sich für Menschen mit geistiger Behinderung einsetzt, zeigte sich Tom Mutters' zukunftsgewandte Art. Er wollte eine nationale Bewegung schaffen, um die Anerkennung und Unterstützung von Menschen mit geistiger Behinderung zu erreichen.

Grundlage war für ihn, die Betroffenen als »Menschen unter Menschen« zu sehen – wie er dies in all den Jahren durchweg selbst gelebt und verkörpert hat. Mit der Gründung der Lebenshilfe wollte er so einerseits Eltern ermutigen, sich für ihre Kinder zu engagieren. Ganz pragmatischer Niederländer, riet er ihnen in der Anfangszeit, ohne weiteren finanziellen oder bürokratischen Aufwand mit kleinen Gruppen in privaten Wohnungen zu beginnen. Freiwillige Helfer betreuten und förderten die Kinder dort. Später bezeichnete er dies als Bürgerinitiative, die gerade deshalb besonderen Anklang fand, weil sie sich für, statt gegen etwas, einsetzte. Andererseits war es von Anfang an sein Ziel, mit der Lebenshilfe auch Orte zu schaffen, an denen Kinder und später auch Erwachsene mit geistiger Behinderung in der Gemeinde betreut und gefördert werden konnten, heute nennen wir dies Sozialraumorientierung.

Mit dieser zweifachen Zielsetzung legte er die Grundlage für eine machtvolle Bewegung in der jungen Bundesrepublik. Die Verantwortung für die Eingliederung und Förderung behinderter Menschen sah er dabei sowohl beim Staat als auch in der Zivilgesellschaft, die sich für Mitbürger einsetzt.

So ging es schon im ersten Jahrzehnt rasch voran, eine Vielzahl von Orts- und Kreisvereinigungen wurden gegründet, die Kindertagesstätten, Schulen und später Werk- und Wohnstätten aufbauten. Die Modellbildung der Lebenshilfe zu Ganztagssonderschulen Anfang der 1960er Jahre wurde von der Kultusministerkonferenz aufgegriffen und bundesweit umgesetzt.

Bei alledem war Tom Mutters Ideengeber für eine moderne Ausrichtung: Die Frühförderung, beginnend in den 1970er Jahren, sollte einerseits die Kinder fördern und andererseits die Eltern darin begleiten und stärken, ihre Kinder anzunehmen, zu erziehen und zu fördern. Inspiriert war er von internationalen Erfahrungen, denen er bei Tagungen über Vorträge von Experten aus verschiedenen Ländern Gehör verschaffte. Normalisierung, der 1964 in Dänemark entwickelte Ansatz, entsprach seiner Grundidee und war für Tom Mutters Leitschnur seines Handelns: Kinder mit geistiger Behinderung sollten die Schule besuchen und im normalen Umfeld der Familie zu Hause sein. Erwachsene Menschen mit geistiger Behinderung sollten arbeiten können und von ihrem Entgelt leben können – eine bis heute uneingelöste Forderung.

Um individuelles Wohnen zu ermöglichen bot die Lebenshilfe neben Wohnstätten, mit zumeist 24 Plätzen, auch sehr früh kleine Wohngruppen und betreutes Einzelwohnen an. Schon in den 1970er Jahren machte er sich Gedanken um die Mitwirkung von Menschen mit Behinderung, man solle weniger *über* als *mit* ihnen reden. Daher war er ein Verfechter von Selbstbestimmung und Selbstvertretung. Seiner Zeit voraus zu sein, galt für viele Aspekte seiner fachlichen Arbeit, wie auch für Fragen der Sexualität von Menschen mit geistiger Behinderung. Diese Themen waren auch innerhalb der Lebenshilfe hoch umstritten.

Tom Mutters war hochgeschätzter Gründer unzähliger Lebenshilfen, war bei der Gründung von Dachverbänden wie der BAG Selbsthilfe, »Inclusion Europe« und »Inclusion International« beteiligt. Sein internationales Engagement hatte nach dem Fall der Mauer einen weiteren Höhepunkt, als er in Osteuropa Zustände in Einrichtungen, Denkweisen und Obrigkeitsstrukturen vorfand, die in Westeuropa überwunden waren: Er machte sich wieder auf, ermutigte Eltern und setzte sich für die Gründung bürgerschaft-

licher Organisationen ein. Seine Vision einer humanen Gesellschaft, die alle Menschen respektiert, allen Menschen die Möglichkeit gibt, sich zu entwickeln und als Menschen zu verwirklichen,
war die Grundlage einer Erfolgsgeschichte. Er selbst war als cha-
rismatischer Initiator und Vordenker manchmal unbequem, aber

Tom Mutters im Alter von 91 Jahren in Wehrshausen.

ungeheuer wirkungsvoll im Einsatz für geistig behinderte Menschen und ihre Familien.

Die Lebenshilfe ist sein Vermächtnis: In Fortsetzung seiner Anfangsideen einer Gesellschaft, in der jeder seinen Platz hat und als Mensch unter Menschen geachtet ist, setzt sich die Lebenshilfe heute für die inklusive Gesellschaft ein. Das bürgerschaftliche Engagement der Anfangszeit als Beitrag der Zivilgesellschaft neben der staatlichen Unterstützung ist mit einer Vielzahl ehrenamtlich Engagierter und Freiwilliger noch heute ein Kennzeichen der Lebenshilfe. Die Mitwirkung und Mitbestimmung von Menschen mit Behinderung ist ebenso selbstverständlicher Teil der Lebenshilfe wie das fortgesetzte Elternengagement – und die Normalisierung des Lebens geistig behinderter Menschen schreitet immer weiter voran. Und bei allem gibt es immer noch kraftvolle Auseinandersetzungen um neue Ideen und Impulse und natürlich um den richtigen Weg.

Von ihm stammt auch das Bekenntnis für eine spannungsreiche Struktur zwischen bürgerschaftlichem Engagement und Fachlichkeit – er war überzeugt, dass es diese Mischung braucht, um das Beste zu erreichen, und davon, dass in Spannungsfeldern besondere Energien frei werden. Kraftvoll und lebendig trägt die Lebenshilfe Tom Mutters Erbe in die Zukunft und ist voller Dankbarkeit für sein einzigartiges Engagement, für seine Leitideen, für sein Leben und Wirken.

Lieber Tom Mutters, wie gut, dass es Dich gab!

16 | Ehrungen

Dem Pionergeist von Tom Mutters ist es zu verdanken, dass geistig behinderte Menschen heute nicht mehr in Heimen vergessen werden, sondern als Teil der Gesellschaft aufwachsen und leben können. Nach ihm wurden Straßen, Schulen und Kindergärten benannt. Im Laufe der Jahre kamen immer neue Ehrungen hinzu. Tom selbst bezeichnete sein soziales Engagement jedoch stets als selbstverständlich. Er sei zwar erfreut über die Ehrungen, sie beschämten ihn jedoch gleichzeitig, denn »wenn es einen Notstand gibt und man glaubt, helfen zu können, muss man dies tun«.

Empfang beim niederländischen Botschafter. Tom wird 1982 in den Rang eines Offiziers im Orden von Oranien-Nassau der Niederlande erhoben.

Ehrungen:

1974:   Goldene Ehrennadel der Stadt Marburg
1977:   Goldene Ehrennadel der Bundesvereinigung Lebenshilfe
1979:   Bundesverdienstkreuz Erster Klasse
1982:   Offizier im Orden von Oranien-Nasau (Orde van Oranje-
        Nassau)
        Ehrenplakette des Landkreises Marburg-Biedenkopf
1983:   Verdienstmedaille der Stadt Marburg
        (als erster Nicht-Politiker)
1987:   Großes Verdienstkreuz des Verdienstordens
        der Bundesrepublik Deutschland
        Ehrendoktor der Medizinischen Fakultät der Philipps-
        Universität Marburg
1988:   Wahl zum Ehrenvorsitzenden der Bundesvereinigung
        Lebenshilfe durch die Mitgliederversammlung

Dr. h. c. Tom Mutters wurde 2013 mit der Skulptur für »Dialog und Toleranz«,
der höchsten Auszeichnung des Paritätischen Gesamtverbandes, ausgezeichnet.
Mit ihm freuen sich Lebenshilfe-Bundesgeschäftsführerin Prof. Dr. Jeanne Nicklas-Faust,
der Vorsitzende des Paritätischen Gesamtverbandes Prof. Dr. Rolf Rosenbrock (rechts)
und Claus Helmert, Abteilungsleiter im Paritätischen Gesamtverband.

1994: Ehrenpreis der »International League of Societies for
Persons with Mental Handicap« (Inclusion International)
1997: Ehrenpreis der »Aktion Sorgenkind«
Ehrennadel der »Bundesarbeitsgemeinschaft Hilfe für
Behinderte«
1999: Errichtung der »Tom Mutters Stiftung«
durch die Bundesvereinigung Lebenshilfe
2010: Ehrenurkunde des Weltverbands »Inclusion International«
2013: Skulptur für »Dialog und Toleranz«, höchste Auszeichnung
des Paritätischen Gesamtverbandes

17 | Der Mensch

Tom Mutters hatte eine einzigartige Begabung. Er konnte auf Menschen zugehen und sie für etwas begeistern. Tom liebte das Leben und er liebte die Menschen. In seinem langen Leben hat er aber auch gesehen, zu welchen Grausamkeiten Menschen imstande sind. Der Überfall auf seine Heimat durch die Nationalsozialisten, das Ausmaß und die Folgen der NS-Propaganda, die menschenunwürdige Behandlung behinderter Menschen – auch

Stolzer Vater: Tom mit seinen vier Jungs.

Tom fotografiert gerne: Am liebsten die Familie. Hund Zita ist natürlich auch mit dabei.

lange nach dem Zweiten Weltkrieg in der Bundesrepublik – all das hat sein Denken und Handeln geprägt. Es gab Momente in seinem Leben, da hätte er sagen können: Ich mag nicht mehr. Ich kann dieses Leid nicht ertragen. Ich muss mir das nicht antun. Aber er hat den Kopf nicht in den Sand gesteckt. Er hat hingesehen und gesellschaftliche Missstände benannt und – wo immer es ging – abgestellt. Er hat vor allem die geistig behinderten Kinder nicht aufgegeben. Er wollte sich nicht mit der vorherrschenden Meinung abfinden, dass Behinderte »Menschen zweiter Klasse« beziehungsweise nicht bildungsfähig seien und für eine Gesellschaft unnütz. Vielmehr kämpfte er vehement für einen Wandel zum Besseren. Er hat stets an das Gute im Menschen geglaubt und diese Geisteshaltung auch weitergegeben.

>*Ich stamme aus einer sehr sozialen Familie, wo ich zu einem sozial denkenden und fühlenden Menschen erzogen wurde. Meine Mutter, aber auch mein Vater, hatten zu allem eine positive soziale Einstellung. Das überträgt sich dann auf die Familie.*«

Tom vermittelte auch seinen Kindern Werte wie Mitmenschlichkeit, Fairness und Respekt anderen gegenüber. Er war ein Familienmensch. Aufgewachsen in einer großen Familie mit ebenso großem Zusammengehörigkeitsgefühl mit anderen Verwandten, liebte er seine Familie. Sie gab Geborgenheit. Gemeinsam die Freizeit zu verbringen mit Spielen, Ausflügen in die Umgebung und Reisen waren ihm immer wichtig. Der familiäre Zusammenhalt und die Möglichkeit gegenseitiger Hilfe und Unterstützung waren feste Bestandteile der elterlichen und großelterlichen Erziehung. Diese Konstanten gab Tom als Vater weiter.

Gemeinsame Leidenschaft: Ursula und Tom bei einer Wanderung in den Bergen Anfang der 1950er Jahre.

Im Haarlemmerweg in Amsterdam trafen sich Eltern, Kinder, Cousins und Cousinen, spielten an einem langen Tisch Rommé und andere Gesellschaftsspiele. Bei den Besuchen der »deutschen« Familie wurde Tom mit Gattin und Söhnen umgehend eingebunden. Die Erwachsenen spielten auf dringenden Wunsch von Toms Mutter um Centjes, die Kinder bekamen Lakritz und die geliebten Nüsse aus aller Herren Länder. Für die Nüsse war Toms Schwager Peter, Inhaber einer gut gehenden Nuss-Ladenkette in Amsterdam, zuständig.

Tom spielte auch leidenschaftlich gerne Schach und brachte es all seinen Söhnen bei – eine beliebte Freizeitbeschäftigung auf Urlaubsfahrten und an den Abenden.

Allerdings war er beruflich viel unterwegs. Umso wichtiger war es ihm, die wenige Zeit intensiv mit seiner Familie zu nutzen. Wenn er zu Hause war, genossen es seine Söhne, mit ihm zu toben und Spaß zu haben. Und wenn Tom auf Reisen war, dachte er stets an seine Lieben. Groß war die Freude, wenn von »Papi« eine Postkarte

Mit dem Ford auf Reisen: Tom besucht mit seiner Familie den Ort Mutters bei Innsbruck.

140

ankam – von weit her abgeschickt. Und dafür suchte er nicht nur besonders schöne Karten aus, sondern auch interessante und exotische Briefmarken. Diese wurden eifrig gesammelt und begeistert in der Schulklasse und im Freundeskreis herumgezeigt. Da war Tom eine gute Quelle für jugendliche Briefmarkensammler.

Für den leidenschaftlichen Fotografen und Schmalfilmer war es unverzichtbar, dass nicht nur die Urlaubsfilme in der Familie gezeigt wurden. Besonders nach der Rückkehr von seinen vielen Auslandsreisen zeigte er Filme aus aller Welt und brachte seiner Familie gesammelte Eindrücke mit ins heimische Wohnzimmer.

Immer zu Sinterklaas, vom 5. auf den 6. Dezember, gab es bei den Großeltern in Holland ein Familientreffen. Tom liebte Familientreffen. Welch ein Fest für die Kinder: Wenn Sinterklaas und der Zwarte Piet im alten Hafen von Amsterdam mit der Fähre anlegten, durften die Kleinen ausnahmsweise länger aufbleiben. Es regnete Zuckerstangen und andere Süßigkeiten.

In den späteren Jahren wurde die Tradition der Familientreffen aufrecht gehalten; nun allerdings mit Treffen an verschiedenen schönen Orten in Holland, aber auch in Deutschland. Bis zu 70 Verwandte kamen einmal im Jahr zusammen, unternahmen Fahrradtouren, spielten Tennis und verbrachten sehr gesellige Abende mit vielen Gesprächen. Eine für alle immer anregende Zeit.

Höchsten Stellenwert hatten für Tom die Familienurlaube. Im Sommer ging es in den 1950er Jahren nach Holland, an den Strand nach Zaandvoort oder Egmont aan Zee. Dort wurde ein Strandkorb gemietet und Tom baute mit seinen kleinen Jungs große Sandburgen. Diese waren bis zu einem Meter hoch und wurden eifrig mit Muscheln verziert. Aber nicht nur die Sandburgen waren seine Profession. Tom war begeisterter Fischesser. Und Holland war natürlich eine sehr viel besser Quelle für Fisch als das deutsche Binnenland. Seine Söhne erinnern sich: Sobald das Meer erreicht war, ob in Zaandvoort oder oder Egmont, führte nach dem Parken des Familien-Ford der direkte Weg zu einem der großen Fischwagen. Dort wurde für Tom und die Jungs groene Haarung (grüner Hering) gekauft und dieser frische Hering mit Zwiebeln und einem süßlichen Brötchen aus der Hand verspeist. Der Urlaub hatte begonnen, Tom war in seiner Heimat angekommen. Zurück in der Stadt kaufte er in Fischläden in Amsterdam junge Aale und seine Mutter kochte grüne Aalsuppe

Hundefreund Tom mit seinem Pudel.

– nicht immer zur Freude der anderen Familienmitglieder. Dem Fisch wurde aber auch aktiv zu Leibe gerückt. Oft mietete Tom mit seinen Söhnen ein Ruderboot, fuhr hinaus auf die Amsterdamer Seenplatte nach Aalsmeer an den Westeinderplassen und angelte Rotbarsch und Aale. Er hatte dort schon als Kind geangelt und er genoss es, diese alte Tradition seinen Söhnen und Neffen weiterzugeben.

Als in den 1960er Jahren die Reisewelle nach Italien rollte, waren auch die Mutters mit dabei.

Im Sommer ging es ans Mittelmeer. Zuerst mit einem Ford 12M, später mit neueren Modellen, aber immer mit einem Ford, an die Adria und die Riviera. Dabei hatten alle schon bei der Autofahrt viel Spaß. Tom hatte einen echten Schalk im Nacken. So erklärte er seinen Kindern etwa bei der Fahrt durch die schier endlose und heiße Po-Ebene mit den damals noch großen Reisanbauflächen: »Und das hier sind die Felder, auf denen die Spaghetti wachsen.« Und hielt sie auf diese Weise bei Laune.

Die Kinder liebten Spaghetti Bolognese und auch Tom hatte beim Essen neben seiner Vorliebe für Fisch klare Prioritäten: Er bestellte fast immer einen Grillteller. Kommentiert mit dem Spruch: »Da kann man nichts falsch machen« war das seine erste Option in jedem neuen Restaurant. Ein gut gebratenes Rumpsteak ging ihm über alles.

Als die Jungs älter waren, ging es im Winter in die Berge zum Skifahren. Der Anfang war bereits in den 1950er Jahren gemacht worden. Nachdem Tom in seiner Thüringer Zeit Skilaufen gelernt hatte, wurden von Goddelau aus Ausflüge in den winterlichen Taunus gemacht. Sein erster Sohn Reinier musste mit und bekam von Tom auf langen Brettern das Skilaufen beigebracht. Später führten die Fahrten in die Alpen nach Österreich und Norditalien. Tom und Ursula waren begeisterte Skiläufer. Beide waren noch mit über 70 Jahren auf den Pisten flott unterwegs.

In späteren Jahren, die Söhne hatten das Elternhaus bereits verlassen, wurde ein Wohnmobil angeschafft. Die Reisen führten Tom und Ursula in das ehemalige Jugoslawien, nach Italien und Österreich. Eine für beide besonders beeindruckende Reise, an der auch ihr jüngster Sohn teilnahm, war die Fahrt nach Griechenland mit klassischer Rundfahrt auf der Peloponnes und Besichtigung von historischen Stätten wie Delphi auf dem Festland.

Tom hatte noch eine weitere Begabung. Er konnte das Leben genießen und er saugte alles Lebenswerte auf. Er sah immer nach vorne und blieb optimistisch – auch in schweren Zeiten, als in Europa noch Krieg, Zerstörung, Hunger und wirtschaftlicher Stillstand den Alltag der Menschen bestimmten.

Der Mensch Tom Mutters hatte viele Hobbys und Leidenschaften. Musik mochte er: In seiner Jugend hörte Tom gerne Jazz und Swing und spielte klassische Geige. Tom und Ursula tanzten leidenschaftlich, besonders den Jive. Sie besuchten viele Kurse und ertanzten sich goldene Nadeln. Operetten und Musicals sah man sich besonders gerne an.

Auch Tiere begleiteten Tom sein Leben lang. Früher hatte er Fische; Aquarien waren schon in seiner Heimat seine Leidenschaft gewesen. Dies führte unter anderem dazu, dass der Umzug von Goddelau nach Marburg auch für ein riesiges Aquarium anstand, welches eher in einen Zoo gehörte, denn in einen privaten Haushalt. Zum Glück fand sich in Marburg ein Liebhaber für dieses Stück, was Ursula wirklich sehr erleichterte.

Zu Hause gehörten stets Cockerspaniel, ein Spitz und später Pudel zur Familie. Sein letzter Hund hieß Timmy, ein Pudel. Er saß gerne auf Toms Schoß und genoss es, von ihm verwöhnt zu werden. In tierischen Erziehungsfragen ergab sich so manche Neckerei zwischen ihm und Ursula. Auch in seiner Arbeit mit behinderten Kindern spielten Tiere eine bedeutende Rolle. Er war es, der in Goddelau eine Voliere mit Kanarienvögeln bauen ließ und eine Kutsche mit Ponys anschaffte.

Tom war zudem ein großer Sportfan. Am Fernseher verfolgte er die Vierschanzentournee – besonders das Neujahrsspringen in Garmisch-Partenkirchen gehörte zur Tradition. Dazu die Tennismatches von Boris Becker, die Tour de France oder stets die Olympischen Spiele. Sein Credo: Möge der Bessere gewinnen – es sei denn, Ajax Amsterdam spielte. Für den »Heimatclub« schlug auch später noch sein Herz.

Die Fernsehzeit der 1960er Jahre brachte so manche Neuerungen in die Wohnstuben. Hierzu gehörten auch die politischen Gespräche

Vier Generationen: Tom Mutters mit Enkel Nico Tom, Urenkel Felte und Sohn Reinier (von rechts).

von Werner Höfer im »Internationalen Frühschoppen«. Dieser war jeden Sonntagmittag eingeschaltet. Tom war politisch sehr interessiert. Den regelmäßigen Wechsel der politischen Machtverhältnisse in einem Land hielt er in einer Demokratie für unabdingbar und absolut notwendig. Das machte er immer wieder deutlich. »Egal, wer regiert, der Wechsel ist wichtig«.

Wenn er beruflich nicht unterwegs war, sondern in Marburg im Büro, legte er besonders viel Wert auf das gemeinsame Mittagessen mit seiner Frau und den Kindern. Danach wurde geruht, ehe es zurück ins Büro ging. Es war klar, dass Tom mit dem Eintritt ins Rentenalter nicht einfach aufhören würde, sich weiterhin zu engagieren. Auch in seinem »Ruhestand« war er noch viel unterwegs.

Mit 80 Jahren beschloss Tom – von einem Tag auf den nächsten – mit dem Autofahren aufzuhören. »Jetzt fahr ich nicht mehr«, sagte er plötzlich und ließ den Wagen auf einem Parkplatz stehen. Vorausgegangen war ein minimal misslungenes Einparkmanöver. Das ärgerte ihn. Er war selbstkritisch genug, zu erkennen, dass die Zeit des aktiven motorisierten Reisens für ihn zu Ende war.

In Fragen der Erziehung ließ er seinen Kindern die Freiheit, sich selbst entwickeln zu können. »Ihr bekommt immer Hilfe von uns, wenn ihr in Schwierigkeiten seid. Ihr braucht keine Angst zu haben«. So schuf er ein Grundvertrauen und förderte das Selbstbewusstsein der Kinder. »Er war ein guter Mensch, nie böse, ein liberaler Geist. Zwar manchmal etwas distanziert, aber immer positiv eingestellt«, bringt es seine Schwiegertochter Heike auf den Punkt.

Tom war sein Leben lang gesund, am Ende nahm einfach seine Kraft ab. Tom hinterlässt Ehefrau Ursula, vier Söhne, drei Enkel, einen Urenkel sowie aus erster Ehe eine Tochter, zwei Enkel und einen Urenkel.

18 | Abschied

Tom Mutters stirbt am 2. Februar 2016 im Alter von 99 Jahren. In einer bewegenden Trauerfeier nehmen die Angehörigen, Freunde, Wegbegleiter und die Bundesvereinigung Lebenshilfe Abschied von Dr. h.c. Tom Mutters. In Kondolenzschreiben spricht die Spitze der Bundesregierung ihre Anteilnahme aus und würdigt den »Vater der Lebenshilfe«. »Sein Engagement hat viel dazu beigetragen, die gesellschaftliche und politische Debatte für die Belange von Menschen mit Behinderung voranzubringen«, heißt es in der Botschaft von Bundeskanzlerin Angela Merkel. Vizekanzler und SPD-Chef Sigmar Gabriel schreibt: »Deutschland hat Tom Mutters viel zu verdanken.«

Die Bundesvorsitzende der Lebenshilfe, Ulla Schmidt, auf der bewegenden Trauerfeier im Februar 2016 in Marburg.

Die Bundesvorsitzende der Lebenshilfe und Vizepräsidentin des Deutschen Bundestages, Ulla Schmidt, blickt zurück: »Nach dem furchtbaren Krieg, in dem etwa 300.000 kranke und behinderte Menschen als lebensunwert von den Nazis verfolgt und ermordet wurden, war es Tom Mutters, der die Familien dazu brachte, ihre geistig behinderten Kinder nicht mehr zu verstecken.« Sie erinnert noch einmal an Mutters' frühe Vision einer inklusiven Gesellschaft: »Tom Mutters war von Anfang an Vorbereiter und Mitgestalter dessen, was wir heute umfassende Teilhabe für Menschen mit Behinderung – Inklusion – nennen und was in der Behindertenrechtskonvention als Menschenrecht verankert wurde. So wünsche ich mir bei manchen zaghaften Diskussionen, die wir heute über das Thema Inklusion, inklusive Schule führen, mehr von dem Engagement, dem Pioniergeist und Gestaltungswillen eines Tom Mutters und auch der Gründungsväter und Gründungsmütter. Denn sie haben aus dem Nichts angefangen, und das, was wir heute sehen, ist der unglaubliche Erfolg. Er hat an die Menschen geglaubt. Er hat ihnen etwas zugetraut.« Sie verabschiedet sich von Tom mit den Worten: »Wir verlieren einen Helden.«

In einer sehr emotionalen Rede würdigt Achim Wegmer, der selbst behindert ist und seit 2000 dem Bundesvorstand der Lebenshilfe angehört, diese Vision. »Tom Mutters hat von Anfang an dafür gekämpft, dass Menschen mit Behinderung mitten in der Gesellschaft sein können. Ihm war es wichtig zu zeigen, dass wir bildungsfähig sind. Dass wir etwas lernen können und zu der Gesellschaft beitragen können. Er hat dafür gesorgt, dass Menschen mit Behinderung für die Gesellschaft etwas darstellen – und er hat auch mich verändert. Ich arbeite, ich traue mir etwas zu, ich halte Reden. Ich bin der erste Selbstverteter im Bundesvorstand. Man könnte fast sagen, ein Pionier wie Tom Mutters. In dieser Funktion bin ich an den Beratungen beteiligt und gestalte die Lebenshilfe von heute mit«, so der 58-Jährige aus Mühlacker in Baden-Württemberg.

Die Gäste der Trauerfeier verabschieden aber nicht nur den Gründer der Lebenshilfe, den wirkungsmächtigen Fürsprecher und Begleiter geistig behinderter Menschen. Sie verabschieden einen geschätzten, geachteten und geliebten Menschen. Allen voran seine Frau Ursula und seine vier Söhne mit ihren Familien. Auch die langjährigen Weggefährten Herbert Burger, Klaus Lachwitz und Dr. Bernhard Conrads zollen dem Verstorbenen Respekt.

Marburgs Oberbürgermeister Thomas Spies macht abschließend deutlich, was das Lebenswerk von Tom Mutters gerade für die Stadt der Heiligen Elisabeth bedeutet: »Der bescheidene, zurückhaltende Tom Mutters steht wie wenig andere für das soziale Marburg. Er hat der verschütteten Menschlichkeit in uns allen wieder herausgeholfen und uns einen neuen Maßstab für Respekt und Rücksicht beigebracht, der weit über den Umgang mit Menschen mit geistiger Behinderung hinausgeht. Er hinterlässt uns die Aufgabe, stetig und unermüdlich für Teilhabe und Inklusion aller Menschen – wie auch immer wir sie bisher behindern – einzutreten. Tom Mutters hat uns verändert. Indem er uns eine andere, weitere Sicht lehrte, indem er Menschlichkeit lehrte, hat er das Gesicht dieser Stadt schöner gemacht.«

Herbert Burger spricht den Trauergästen in der Friedhofskapelle am Marburger Ortenberg aus dem Herzen: »Wenn das Bild von den Spuren, die ein Leben hinterlässt, je zutrifft, dann auf ihn, denn er hat die Spur gezogen, auf der wir alle mehr als ein halbes Jahrhundert lang unseren Weg gehen. Man könnte ihn den »Tom-Mutters-Weg« nennen und alles, was bis heute am Rande dieses Weges steht, trägt im Grunde seine Handschrift, ist aus seiner Idee entstanden und aufgebaut worden.«

Epilog

Tom Mutters war ein Mann mit vielen Ecken und Kanten. Einer, der sich nicht verbog. Jemand, der Missstände beim Namen nannte, wo andere wegschauten und der eine gesellschaftliche Revolution in Gang brachte, die in Deutschland ihresgleichen sucht.

Sein Lebenswerk, die Lebenshilfe, ist heute wie selbstverständlich in Deutschland verankert. Und mit der UN-Behindertenrechtskonvention haben behinderte Menschen auf der ganzen Welt einen Platz in der Gesellschaft zugewiesen bekommen. Doch es war ein weiter, harter und steiniger Weg. Tom Mutters hat gemeinsam mit seiner Frau Ursula alles ihm Mögliche für diese Ziele getan. Beide haben Spuren hinterlassen, die für immer bleiben.

Tom Mutters war ein Draufgänger und er ist keiner Konfrontation ausgewichen. Bürokratie war ihm ein Graus. Ministerialbeamte warfen ihn schon mal aus ihrem Zimmer. Er legte sich mit all jenen an, die geistig behinderten Menschen das Recht auf Leben, Bildung und andere Grundrechte absprachen. Er ging immer auf volles Risiko. Wie beim Autofahren.

Im Alltag hatte er seine festen Strukturen: Sein Bürotag begann um 9 Uhr. Die Mittagspause von 13 bis 15 Uhr war ihm heilig. Wann immer es ging, war er zum Mittagessen zu Hause und machte danach ein Nickerchen. Tom war ein kerngesunder Mann und in seinem Leben selten krank.

Er hat das Leben genossen. An seinem 99. Geburtstag, dem 23. Januar 2016, spricht und lacht er noch mit seiner Familie. Er stößt mit an, und es gefällt ihm, alle um sich zu haben. Am 2. Februar 2016 stirbt Tom Mutters im Alter von 99 Jahren in seinem Haus in Marburg-Wehrshausen im Kreise seiner Familie. Er war lebenssatt.

Die letzten Sätze mit seinem Enkel Nico Tom wechselt er in seiner Muttersprache, auf Holländisch. Eine Sache gab er ihm kurz vor seinem Tod noch mit auf den Weg:

> *»Je moet het leven leven, Je mag het niet langs je heen laten glijden«*

> *»Man muss das Leben leben. Man darf es nicht an sich vorbei gleiten lassen.«*

Neben all seinen Eigenschaften, die in diesem Buch beschrieben werden, hat uns Autoren persönlich seine Bescheidenheit tief berührt. Über unsere Idee, ein Buch über ihn zu schreiben, lachte Tom Mutters nur und antwortete:

> *»Ein Buch? Über mich? Wer liest das?«*

Dieses Lächeln: Tom im Alter von 98 Jahren in seinem Sessel im heimischen Wohnzimmer.

Erläuterungen

Bundesjugendplan

Der Kinder- und Jugendplan des Bundes (bis 1993 Bundesjugendplan) ist ein Fördertopf der Bundesregierung für die politische und kulturelle Kinder- und Jugendarbeit in Deutschland.

Der erste Bundesjugendplan wurde am 18. Dezember 1950 verkündet. Die neue Einrichtung, im ersten Jahr mit 17,5 Millionen D-Mark ausgestattet, sollte ein Gegenprojekt zu den vorangegangenen totalitären und zentralistischen Jugendorganisationen des »Dritten Reiches« (Hitlerjugend, Bund Deutscher Mädel) werden. Deshalb wurden zunächst vor allem weltanschaulich unabhängige Träger der Jugendarbeit gefördert. Zunächst standen die zahlreichen Kriegswaisen im Brennpunkt, für die vor allem Lehrwerkstätten und Jugendheime errichtet wurden.

Bundeskammer

Die Lebenshilfe in Deutschland wurde 1958 als Bundesvereinigung gegründet. Im Laufe der Jahre entstand mit heute über 500 örtlichen Vereinigungen ein flächendeckendes Netz der Lebenshilfen. Der föderalen Struktur der Bundesrepublik entsprechend war es naheliegend, ab Ende der 1960er Jahre als Zwischenebene Landesverbände zu gründen. Dieser Prozess setzte sich nach der Wende in den Neuen Ländern fort, so dass es bis 1989 elf Landesverbände gab und heute 16 Landesverbände der Lebenshilfe ihre Arbeit leisten.

»Die Vorsitzenden der Landesverbände bilden die Bundeskammer« (§ 15 der Satzung der BVLH). Sie tritt mindestens zweimal jährlich zusammen. Zu den wichtigsten Aufgaben der Bundeskammer gehört laut Satzung die Beschlussfassung über den vom Bundesvorstand vorgelegten Wirtschaftsplan. Darüber hinaus nimmt sie in Jahren, in denen keine der im Zwei-Jahresrythmus tagenden Mitgliederversammlung stattfindet, einige deren Rechte war – etwa bei Feststellung des Jahresabschlusses oder der

Entlastung des Bundesvorstandes. Weitere Rechte der Bundeskammer sind in § 16 der Satzung der BVLH geregelt.

Der Bundeskammer obliegt auch die beratende Mitwirkung bei Entscheidungen über verbandspolitische bedeutsame Fragen, wo die Bundeskammer auf Vorschlag des Bundesvorstandes oder auf eigene Initiative tätig werden kann; dies betrifft insbesondere wichtige Stellungnahmen und Empfehlungen der BVLH.

Auch in personellen Fragen hat die Bundeskammer Zustimmungsrecht, etwa bei der Berufung von Ausschüssen, Beiräten und Projektgruppen oder bei der Kooptierung von Mitgliedern in den Bundesvorstand.

Diese Rechte sind Indiz für die Bedeutung, die die Bundeskammer als Organ der Bundesvereinigung – neben der Mitgliederversammlung und dem Bundesvorstand – inne hat.

Das erfolgreiche Zusammenwirken im Sinne der ganzen Lebenshilfe in Deutschland bedingt eine geregelte Zusammenarbeit. Sie nimmt dadurch Gestalt an, dass die Mitglieder des Bundesvorstandes an den Sitzungen der Bundeskammer mit beratender Stimme teilnehmen können. Im Gegenzug ist der Vorsitzende der Bundeskammer berechtigt, an Sitzungen des Bundesvorstandes und des geschäftsführenden Vorstandes teilzunehmen. Darüber hinaus sieht die Satzung der BVLH in § 18 der Satzung der BVLH jährlich eine gemeinsame Sitzung vor, in der über den Wirtschaftsplan der Bundesvereinigung beschlossen werden soll.

Bundessozialhilfegesetz

Eine wesentliche Grundlage der Hilfen für Menschen mit geistiger Behinderung schuf der Gesetzgeber – die Lebenshilfe hatte hier wichtige Impulse gegeben – zum 1. Juni 1962 mit dem Bundessozialhilfegesetz (BSHG), das die Eingliederungshilfe festschrieb. Hatten nach dem alten Fürsorgegesetz (1924) nur »Bedürftige« Anspruch auf staatliche Hilfe, so wurden mit dem BSHG besondere Einkommensgrenzen geschaffen, die den Kreis der Anspruchsberechtigten erheblich erweiterten. Mit der BSHG-Novelle 1974 wurde ein einheitlicher Behindertenbegriff eingeführt. Danach haben alle Menschen mit Behinderung Anspruch auf Eingliederungshilfe oder Hilfe zur Pflege.

Die Eingliederungshilfe soll den behinderten Menschen befähigen, sein Leben selbst zu gestalten, ihm die Teilnahme am Leben in der Gemeinschaft ermöglichen und ihn so weit wie möglich unabhängig von Pflege machen (BSHG, § 39, 3). Wer wie die meisten geistig behinderten Menschen nur durch gezielte Förderung eine schulische und berufliche Ausbildung durchlaufen kann, ist auf die Leistungen der Eingliederungshilfe angewiesen. Dies beginnt oft kurz nach der Geburt mit heilpädagogischen Maßnahmen und begleitet viele behinderte Menschen durch Kindergarten, Schule und Arbeitsleben bis ins Alter.

Das Bundessozialhilfegesetz formuliert einen Katalog von Leistungen, mit denen das Eingliederungsziel erreicht werden soll. Erst durch die Eingliederungshilfe, die über die individuellen Rechtsansprüche der behinderten Menschen abgerufen wird, konnten die Lebenshilfe-Einrichtungen Konzepte und Angebote für alle Lebensabschnitte entwickeln und entsprechende Dienstleistungen erbringen. Dazu zählen unter anderem Frühförderung, Hilfen zur Teilhabe am Arbeitsleben, zum Beispiel in den Werkstätten für behinderte Menschen, sowie Hilfen zum stationären und ambulant betreuten Wohnen. Die Regelungen der Eingliederungshilfe für Menschen mit geistiger Behinderung sind bis heute von zentraler Bedeutung.

Seit 1976 war das BSHG Bestandteil des Sozialgesetzbuches (SGB). Seither fanden und finden die allgemeinen Regelungen des SGB (insbesondere SGB I und SGB X) auch auf die Sozialhilfe Anwendung.

Die Bestimmungen des BSHG sind ab dem 1. Januar 2005 von den Bestimmungen im Zwölften Buch Sozialgesetzbuch (SGB XII) abgelöst worden.

Child Search Branch

Der »Child Search Branch« (»Kindersuchdienst«) der Alliierten versuchte fieberhaft, Kinder, die im Zweiten Weltkrieg von den Nazis verschleppt wurden, in ihre Heimat zu Verwandten zurückzubringen, Verwandte zu finden, Auswanderungen zu organisieren oder Adoptionseltern zu vermitteln. Dies alles funktionierte nur im Verbund mit anderen Einrichtungen: Rot-Kreuz-Stellen, jüdischen Organisationen oder Wohlfahrtseinrichtungen.

Für jedes dieser Kinder legten die Mitarbeiter der UNRRA oder IRO eine Akte an. Weitere Akten entstanden, wenn ein Verwandter nach einem Kind suchte, sei es ein Elternteil, ein Onkel, eine Großmutter. Diese vermissten Kinder wurden ebenfalls als »unaccompanied children« geführt.

Im Archiv des International Tracing Service, zu dem der Kindersuchdienst gehörte, existieren mehr als 64.000 Akten zu vermissten oder lebend aufgefundenen Kindern, die von Deutschland verfolgt, ermordet, inhaftiert worden waren. Dies ist aber bei weitem nicht die Zahl aller Kinder, die von dieser historischen Verfolgung betroffen waren, beziehungsweise der Shoah oder dem Mord an Sinti und Roma zum Opfer fielen. Allein im Holocaust sind 1,5 Millionen jüdische Kinder ums Leben gebracht worden.

Die aktive Sucharbeit nach Kindern und Verwandten wurde 1951 eingestellt.

Contergan-Skandal

Der Contergan-Skandal war einer der aufsehenerregendsten Arzneimittelskandale in der Bundesrepublik Deutschland und wurde in den Jahren 1961 und 1962 aufgedeckt.

Das millionenfach verkaufte Beruhigungsmedikament Contergan, das den Wirkstoff Thalidomid enthielt, konnte bei der Einnahme in der frühen Schwangerschaft Schädigungen in der Wachstumsentwicklung der Föten hervorrufen. Contergan half unter anderem auch gegen die typische morgendliche Schwangerschaftsübelkeit in der frühen Schwangerschaftsphase und galt im Hinblick auf Nebenwirkungen als besonders sicher. Bis Ende der 1950er Jahre wurde es gezielt als rezeptfreies Beruhigungs- und Schlafmittel für Schwangere empfohlen. Es wurde vom 1. Oktober 1957 bis zum 27. November 1961 vertrieben und wurde aufgrund von möglichen Nebenwirkungen auf das Nervensystem ab dem 1. August 1961 rezeptpflichtig. In der Folge kam es zu einer Häufung von schweren Fehlbildungen (Dysmelien) oder gar dem Fehlen (Aplasien) von Gliedmaßen und Organen bei Neugeborenen. Dabei kamen weltweit etwa 5.000 bis 10.000 geschädigte Kinder auf die Welt. Zudem kam es zu einer unbekannten Zahl von Totgeburten. Anfang 2016 gab der Bundesverband Contergangeschädigter auf seiner Internetseite an, dass in Deutschland noch etwa 2.400 Contergan-Geschädigte leben.

1958 wurden Fehlbildungen bei Neugeborenen erstmals im Bundestag diskutiert. Damals wurde ein möglicher Zusammenhang mit Kernwaffentests vermutet. Die Häufung wurde jedoch zunächst aufgrund der in Westdeutschland nach der nationalsozialistischen Vergangenheit gelockerten Meldepflichten, mangelnder Koordination der staatlichen Stellen und der Forschung und weiterer Probleme bei der statistischen Erfassung nicht ernstgenommen. Erst Ende 1961 wurde der Zusammenhang zwischen Contergan und den Fehlbildungen erkannt und das Medikament vom Hersteller, der Grünenthal GmbH in Stolberg, vom Markt genommen. Westdeutschland richtete 1961 ein Gesundheitsministerium auf Bundesebene ein. Der Skandal hatte weltweite Auswirkungen auf den Umgang mit Arzneimittelzulassungen.

Displaced Persons

Der Begriff Displaced Person (DP; engl. für eine »Person, die nicht an diesem Ort beheimatet ist«) wurde im Zweiten Weltkrieg vom Hauptquartier der alliierten Streitkräfte (SHAEF) geprägt. Damit wurde eine Zivilperson bezeichnet, die sich kriegsbedingt außerhalb ihres Heimatstaates aufhielt und ohne Hilfe nicht zurückkehren oder sich in einem anderen Land neu ansiedeln konnte. In einem Memorandum, das erstmals im Sommer 1944 formuliert wurde, legten die Alliierten Regelungen, Aufgaben und Zuständigkeiten für ihre Truppen fest, wie DPs unterzubringen, zu versorgen und zu verwalten waren. DPs waren vor allem Zwangsarbeiter und Zwangsverschleppte der nationalsozialistischen Herrschaft, die vornehmlich aus osteuropäischen Staaten aber auch aus ganz Europa stammten und sich bei Kriegsende in Deutschland aufhielten. Die alliierten Armeen rechneten 1944 mit 11,3 Millionen DPs.

Zu den »DPs« gehörten Zwangsarbeiter, die während des Krieges zur Arbeit in deutschen Betrieben verpflichtet worden waren, ferner Kriegsgefangene, ehemalige Konzentrationslagerhäftlinge und Osteuropäer, die nach Kriegsbeginn entweder freiwillig in Deutschland eine Arbeit aufgenommen hatten oder 1944 vor der sowjetischen Armee geflüchtet waren.

Euthanasie und »Aktion T4«

Unter der irreführenden Tarnbezeichnung »Euthanasie« (wörtlich: »schöner Tod«) führte die NS-Regierung ab 1940 ein Programm zur systematischen Tötung missgebildeter Kinder sowie geistig behinderter oder psychisch kranker Erwachsener durch. Kinder erhielten auf speziellen Stationen Medikamente oder man ließ sie verhungern. Erwachsene wurden in Tötungsanstalten vergast oder auf andere Weise umgebracht. Die systematische Ermordung »unwerten Lebens« wurde bis zur bedingungslosen Kapitulation der Wehrmacht und dem Untergang des »Dritten Reichs« ausgeübt. Die Gesamtzahl der Opfer wird auf bis zu 300.000 geschätzt.

Die »Aktion T4« bezeichnet die systematische Ermordung von Menschen mit geistigen und körperlichen Behinderungen während der Zeit des Nationalsozialismus in Deutschland. Neben rassehygienischen Vorstellungen der Eugenik sind kriegswirtschaftliche Erwägungen während des Zweiten Weltkrieges zur Begründung herangezogen worden. »T4« ist die Abkürzung für die Adresse der damaligen Bürozentrale in einer Villa in Berlin: Tiergartenstraße 4. Von hier aus wurde das Morden im gesamten Deutschen Reich verwaltet. In den erhaltenen zeitgenössischen Quellen findet sich die Bezeichnung »Aktion T4« nicht. Dort wurde der Begriff »Aktion« – oder auch mit einem vorangestellten Kürzel für Euthanasie (»Eu-Aktion« beziehungsweise nur »E-Aktion«) – verwendet.

Integration und Inklusion

In den 1980er Jahren strebte man in der Bundesrepublik – ausgelöst durch starke Impulse aus der angelsächsischen Welt, Skandinavien und der Niederlande – zunächst die »Soziale Integration« behinderter Menschen an. Im Schulbereich hieß das neue Motto: »Gemeinsam Leben – Gemeinsam Lernen«. Besondere Impulse erhielt die Forderung nach Integration zum Beispiel durch die Schaffung von Begegnungen behinderter und nichtbehinderter Menschen – nach dem Motto »so viel Integration wie möglich und so viel besondere Förderung wie nötig«.

Parallel formulierten Eltern und Fachleute neue Leitbilder. Menschen mit geistiger Behinderung sollten zwischen verschiedenen Lern- und Lebensorten sowie Hilfekonzepten wählen können. Seitdem ergänzen sich stationäre, teilstationäre und ambulante Hilfsangebote.

Dabei gehen verwandte programmatische Ansätze ineinander über. Menschen mit geistiger Behinderung ein Leben so normal wie möglich zu gestalten (Normalisierung), sie in der Welt der Nichtbehinderten »physisch zuzulassen« (Integration), sie möglichst weit selbst die betreffenden Dinge im Leben entscheiden zu lassen (Selbstbestimmung), ihre Teilhabe an den regulären Angeboten und Strukturen ihres Umfelds von Geburt an sicherzustellen (Inklusion), sind gepaart mit der Forderung nach umfassender, auch die Kommuniktion betreffende Barrierefreiheit und Zugänglichkeit. (Quelle: Bernhard Conrads/Theo Frühauf: 50 Jahre Lebenshilfe in Deutschland in »Geistige Behinderung«, Schwerpunktheft 1/2008)

Durch das Zusammenspiel dieser Ansätze wird auch dem Schutzgedanken Rechnung getragen: Denn zugewandte Mitschüler, Nachbarn, Arbeitskollegen oder Vereinsmitglieder bewahren Menschen mit geistiger Behinderung am besten vor Diskriminierung und Ausgrenzung.

Das jüngste und derzeit umfassendste Konzept der Inklusion wurde insbesondere von der »Konvention für die Rechte behinderter Menschen der Vereinten Nationen (UN-Behindertenrechtskonvention) beflügelt. Sie wurde 2009 durch den Deutschen Bundestag ratifiziert und ist eine programmatische »Schatztruhe«. Ihre Artikel betreffen über die Bereiche Bildung/Schulwesen, Arbeitsleben, Wohnen, Gesundheitswesen, Freizeit, Sport und Kultur alle Altersstufen und die wesentlichen Lebensfelder.

Bei Inklusion geht es nicht nur darum, von Aussonderung bedrohte Menschen zu integrieren, sondern den Betroffenen von vornherein die Teilnahme an allen gesellschaftlichen Aktivitäten auf allen Ebenen zu ermöglichen (Teilhabe). Dies gilt für Kinder wie Erwachsene, die Nachbarschaft und das Vereinsleben, das Wohnen und die Arbeitswelt gleichermaßen. Dieses Paradigma betrifft über den Kreis behinderter Menschen hinaus alle Menschen, die durch Diskriminierung und Benachteiligung etwa durch Geschlecht, Alter, Religion oder sexuelle Orientierung gefährdet sind.

Gelingende Inklusion bedarf vielfältiger Veränderungen etwa durch Einstellungsveränderung und Vorurteilsabbau (Bewusstseinsbildung), gesetzliche Rahmenbedingungen, bei institutionellen Strukturen, anzuwendenden Methoden sowie einzusetzenden personellen, sächlichen und finanziellen Ressourcen. Dabei entspricht es dem Inklusionsparadigma, wenn besonderen Bedürfnissen benachteiligter Menschen entsprochen wird, etwa bei geistig behinderten Kindern durch die Heranziehung und Nutzung sonderpädagogischen know hows.

IRO

Die Internationale Flüchtlingsorganisation (engl. International Refugee Organization, IRO) war eine Sonderorganisation der Vereinten Nationen, die 1946 als Nachfolgeorganisation der United Nations Relief and Rehabilitation Administration (UNRRA) eingerichtet wurde. Sie war verantwortlich für die Fürsorge für Europäer, die durch den Zweiten Weltkrieg heimatlos geworden waren, vor allem Überlebende des Holocaust und ehemalige Zwangsarbeiter, die sogenannten Displaced Persons. Weiterhin organisierte die Behörde die Rückführung dieser Menschen in ihre Heimatländer beziehungsweise ihre Auswanderung in andere Staaten. Die IRO stellte ihre Arbeit 1952 ein, nachdem sie etwa eine Million Menschen betreut hatte. Sie wurde ersetzt durch das Büro des United Nations High Commissioner for Refugees (UNHCR).

ITS

Der Internationale Suchdienst (ITS), englisch *International Tracing Service*, französisch *Service International de Recherches* ist ein Zentrum für Dokumentation, Information und Forschung über die nationalsozialistische Verfolgung, NS-Zwangsarbeit sowie den Holocaust mit Sitz in der nordhessischen Stadt Bad Arolsen. Hauptaufgaben des Suchdienstes sind die Klärung des Schicksals von Verfolgten des NS-Regimes und die Suche nach Familienangehörigen, Erteilung von Auskünften an Überlebende und Familienangehörige von NS-Opfern, Forschung, Pädagogik und Erinnerung sowie die Aufbewahrung, Konservierung und Erschließung von Dokumenten. Im Juni 2013 wurde das Archiv des Internationalen Suchdienstes von der UNESCO in das Weltdokumentenerbe aufgenommen.

Die Hauptaufgabe des ITS ist seit seiner Gründung die Suche nach nichtdeutschen Personen im Gebiet des damaligen Deutschen Reiches sowie den deutsch besetzten Gebieten in der Zeit von 1933 bis 1945, die während des Zweiten Weltkrieges verschleppt worden waren oder aus anderen Gründen vermisst wurden. Zu dieser Aufgabe zählte auch die Unterstützung der betroffenen Menschen bei der Zusammenführung mit ihren Familien.

Krüppelbewegung

Wie der Begriff »Krüppelbewegung« erkennen lässt, handelt es sich hierbei nicht um eine fest gefügte Organisation. Gleichwohl hatte sie in den »Clubs Behinderter und ihrer Freunde«, den so genannten »Krüppelgruppen« und in bundesweit sich verbreitenden VHS-Kursen strukturelle Wurzeln, die bis in die 1970er Jahre des letzten Jahrhunderts reichen und bis in die 1990er Jahre ausstrahlten.

Die Wortwahl »Krüppel« war seitens der zumeist körperbehinderten Protagonisten dieser Bewegung bewusst gewählt und signalisiert, dass Provokation eines jener Mittel war, um radikal gesellschaftliches Bewusstsein zu verändern.

Hier einige Beispiele: 1974 gab Gusti Steiner, zusammen mit dem Publizisten Ernst Klee Kurse an der Frankfurter Volkshochschule, wo sie mit behinderten und nichtbehinderten Teilnehmern provokante Aktionen durchführten: Sie blockierten öffentlichkeitswirksam die Straßenbahn, um auf die Missstände aufmerksam zu machen und verliehen einige Male die »Goldene Krücke« an die jeweils »größte Niete der Behindertenarbeit«.

Ab 1978 gründeten Franz Christoph und Horst Frehe die so genannten Krüppelgruppen. Nichtbehinderte durften nicht teilnehmen, nach dem Vorbild der Frauenbewegung wollte man zunächst unter sich die Situation analysieren. Ziel der Krüppelbewegung war, eine Änderung des Blickwinkels auf Behinderung zu erreichen und im Sinne der Disability Studies Behinderung statt aus medizinischer Sicht als gesellschaftliches Problem zu begreifen (Social model of disability). Von den Krüppelgruppen wurde von 1979 bis 1985 die Krüppelzeitung – »Zeitung von Krüppeln für Krüppel« – herausgegeben, die später mit der Zeitung »Luftpumpe« zur

162

»Randschau« wurde. Manifest wurde die »Krüppelbewegung« insbesondere durch Aktionen:

Signalgebend war eine Demonstration in Frankfurt/Main im Jahr 1980 mit über 5.000 Teilnehmern, wo gegen das »Behindertenurteil« demonstriert wurde, nach dem behinderte Menschen im Urlaub Anlass für Schadenersatz für entgangenen Urlaubsgenuss waren.

Spektakulär waren die Aktionen anlässlich und gegen das »Weltjahr der Behinderten«, das die UNO 1981 ausgerufen hatte, das seitens der Krüppelbewegung als »Beschwichtigungtaktik« abgelehnt wurde.

In seiner Radikalität herausragend waren die Krüppelschläge von Franz Christoph gegen den Bundespräsidenten Karl Carstens während der Eröffnungsveranstaltung der REHA 1981 in Düsseldorf.

Dem vorausgegangen war eine Protestaktion bei der Eröffnungsveranstaltung zum UNO-Jahr. Hier besetzten die Mitglieder der Aktionsgruppe die Bühne der Festredner in Dortmund. In einer verlesenen Resolution sprach sich das Aktionsbündnis gegen Sondereinrichtungen, Sonderhilfsmittel oder Sonderbehandlung aus und forderte die Anerkennung ihrer Selbstvertretungsrechte. Folgen dieser und der übrigen Aktionen 1981 (zum Beispiel das »Krüppeltribunal«) waren ein großes Maß an Solidarität unter den verschiedenen Gruppen der Krüppelbewegung, aber auch eine Veränderung des Bildes der Behinderten in der Öffentlichkeit«

Die »Krüppelbewegung« attackierte auch die »traditionellen« Behindertenverbände – Träger- und Elternverbände gleichermaßen, da sie aus der Sicht der Krüppelgruppen tendenziell für Aussonderung und Bevormundung standen. Wenngleich durch diese Verbände damals abgelehnt, waren die Aktionen der Krüppelbewegung in ex-post-Betrachtung ein wirkungsvoller Weckruf. Sie hat zur Sensibilisierung im Hinblick auf ethische Fragen im Bereich Behinderung (Siehe auch »Singer-Affäre) beigetragen und war daran beteiligt, das Feld für die bundesdeutsche Gleichstellungsgesetzgebung bis hin zur Veränderung des Namens der »Aktion Sorgenkind« in »Aktion Mensch« zu bereiten.

Mit zwar langsamen, aber doch erkennbaren Fortschritten in den 1990er Jahren in Richtung Normalisierung, Emanzipation und Empowerment gingen die Aktivitäten der Krüppelbwegung nach und nach in unterschiedlichen Politikfeldern und insbesondere in der »Selbstbestimmt-Leben-Bewegung« auf.

Lobotomie

Die Lobotomie ist eine neurochirurgische Operation, bei der Nervenbahnen im Gehirn zwischen Thalamus und Frontallappen sowie Teile der »grauen Substanz« durchtrennt werden.

Ab Anfang der 1940er Jahre entwickelten der US-amerikanische Psychiater Walter Freeman (1895–1972) und der Neurochirurg James Winston Watts (1904–1994) die Methode zu einer populären Standardtechnik der Psychiatrie weiter.

Als es infolge der Weltwirtschaftskrise und des Zweiten Weltkrieges in den USA zu einem sprunghaften Anstieg psychischer und psychiatrischer Erkrankungen kam, wurde die von vielen Experten anfangs als Wundermittel gepriesene Lobotomie in Tausenden von Fällen vor allem in den USA – oft mit negativen Folgen – durchgeführt. Wegen der erheblichen Nebenwirkungen und mit dem Aufkommen der Psychopharmaka-Therapie geriet die Methode bereits Anfang der 1950er Jahre wieder in Verruf. Gleichwohl ließ Joseph P. Kennedy noch 1941 an seiner 23 Jahre alten Tochter Rosemary, Schwester des späteren US-Präsidenten John F. Kennedy, eine solche Operation durchführen, welche sie schwerbehindert und bis an ihr Lebensende pflegebedürftig überlebte.

Bürgerrechtsbewegungen begannen um das Jahr 1960, gegen die Lobotomie vorzugehen. Ken Keseys einflussreicher und bedeutender Roman »Einer flog über das Kuckucksnest« zeigte 1962 drastisch die Auswirkungen der Operation auf psychiatrische Patienten.

Als Erfinder der präfrontalen Lobotomie gilt der Portugiese Egas Moniz. Er vertrat die These, dass man mit der Durchtrennung von Nerven, die vom Stirnlappen zum Zentrum des Gehirns verlaufen, seelische Krankheiten heilen könne. Moniz wurde für diese »Innovation« 1949 der Nobelpreis verliehen – Nachfahren von lobotomierten Patienten setzen sich heute dafür ein, dass ihm dieser posthum wieder aberkannt wird.

Normalisierungsprinzip

Der Mensch mit einer geistigen Behinderung ist ein Mitbürger mit uneingeschränkten Rechten auf ein normales Leben in der Gesellschaft. Das ist das Leitbild des in den 1960er-Jahren in Dänemark, Schweden und Kanada unter anderem von Bengt Nirje entwickelten Prinzips der Normalisierung. Als Reformidee hat sie auch in Deutschland reiche Früchte getragen. Aus der Idee der Normalisierung sind alle weiteren modernen Leitbilder

der Behindertenhilfe abgeleitet, wie sie die Arbeit der Lebenshilfe prägen: Integration, Selbstbestimmung, Teilhabe und Inklusion.

Normalisierung bedeutet, ein Leben so normal wie möglich zu führen. Die Hilfen sind ausgerichtet auf die alltäglichen Lebensbedingungen. Das Konzept der Normalisierung wendet sich gegen das Leben in den Großeinrichtungen. Für die Lebenshilfe ergab sich daraus die Förderung kleinerer, gemeindenaher Wohneinrichtungen und regionaler Hilfe im Lebensumfeld der Betroffenen. Sie sollen an der Ausgestaltung der Angebote beteiligt werden.

Auf Betreiben von Tom Mutters fand 1985 in Hamburg der erste Europäische Kongress der Internationalen Liga zum Thema Normalisierung statt. Die Bundesvereinigung Lebenshilfe gab als Ausrichter der Tagung einen wichtigen Impuls. Ziel waren unter anderem die Enthospitalisierung von Erwachsenen mit geistiger Behinderung aus Großeinrichtungen sowie die Eingliederung behinderter Menschen aller Altersstufen in die Gesellschaft.

Philippshospital Goddelau, heute Riedstadt

Das Zentrum für Soziale Psychiatrie Philippshospital liegt in der Stadt Riedstadt im Landkreis Groß-Gerau. Zu Tom Mutters Zeiten gehörte das Philippshospital zu Goddelau, einem Stadtteil von Riedstadt.

Das Zentrum für Soziale Psychiatrie Philippshospital gehört zu den ältesten psychiatrischen Krankenhäusern der Welt. Es wurde 1535 von Landgraf Philipp I. von Hessen gestiftet und 1904 zu Ehren des Stifters in »Philippshospital« umbenannt. Bereits zuvor hatte Philipp die Hohen Hospitäler in Haina und Merxhausen aus säkularisierten Klöstern gestiftet, und 1542 folgte dann noch das im Dreißigjährigen Krieg zerstörte Hohe Hospital in Gronau. Das Krankenhaus erfuhr in seiner langen und wechselvollen Geschichte manche Schicksalsschläge, zum Beispiel im Dreißigjährigen Krieg (1618–1648).

Heutiger Träger ist die Vitos Riedstadt gemeinnützige GMB, eine Einrichtung des Landeswohlfahrtsverbandes Hessen und der Vitos GmbH und wird seit dem 26. Juli 2007 als gemeinnützige Gesellschaft mit beschränkter Haftung geführt.

Das Zentrum besteht aus den Betriebszweigen:

Vitos Klinik für Psychiatrie und Psychotherapie Philippshospital: stellt als psychiatrisches Fachkrankenhaus die Versorgung der Mitbürger des Landkreises Groß-Gerau und Teilen des Landkreises Darmstadt-Dieburg in den Fachbereichen Allgemeine Psychiatrie, Psychotherapie,

Gerontopsychiatrie und Suchtabteilung sicher. Eine Institutsambulanz sowie zwei Tageskliniken erweitern das Angebot. Im Rahmen eines Pilotprojektes der Weltgesundheitsorganisation wurde das Psychiatrische Krankenhaus Philippshospital als Modellklinik ausgewählt.

Klinik für Psychiatrie und Psychotherapie des Kindes- und Jugendalters Philippshospital: Fachkrankenhaus, bestehend aus zwei Kinderstationen, einer Jugendstation, einer Pflegeeinheit und einer Tagesklinik, sowie drei Institutsambulanzen.

Präambel Child Search Branch (Kindersuchdienst)

»*Since 1945, first UNRRA und then the IRO have had to deal with the problem of unaccompanied children. This problem involves the inding of those innocent victims of Nazism, the kidnapped Allied children, as well as those non-German children who became displaced and unaccompanied as a result of the war, the identiication of the children found, the establishment of their citizenship, their documentation, and, if necessary, the tracing of their families so that, in the end, they may be reunited with their parents or relatives.*«

»Seit 1945 hat zuerst die UNRRA und danach die IRO sich mit dem Problem der verwaisten Kinder auseinandersetzen müssen. Dabei handelt es sich um das Auffinden von unschuldigen Opfern des Nationalsozialismus, von entführten Kindern der Alliierten sowie Kindern ohne deutsche Staatsangehörigkeit, welche durch Kriegsvertreibung ihre Eltern verloren haben. Hierbei besteht die Aufgabe darin, die Kinder zu identifizieren, deren Staatsangehörigkeit zu etablieren, dieses zu dokumentieren und, wenn notwendig, die Suche nach deren Familien einzuleiten, damit diese wieder mit ihren Eltern oder Verwandten zusammengeführt werden können.«

SHAEF

Das *Supreme Headquarters Allied Expeditionary Force* (kurz SHAEF) war von Ende 1943 bis zum Ende des Zweiten Weltkriegs das Hauptquartier der alliierten Streitkräfte in Nordwesteuropa und erhielt Weisungen von den *Combined Chiefs of Staff*. Es wurde im Januar 1944 in London durch die Umbenennung des Stabes COSSAC gebildet. Oberbefehlshaber des SHAEF war von Beginn an Dwight D. Eisenhower. Nach der Befreiung Frankreichs hatte SHAEF seinen Sitz in Versailles und Reims.

»Söderblom-Kinder-Siedlung«

In seiner Denkschrift nennt Tom Mutters das spätere Kerstin-Heim noch »Söderblom-Kinder-Siedlung«. Nathan Söderblom, geboren am 15. Januar 1866 in Uppsala, gestorben am 12. Juli 1931, vollständiger Name: Lars Olof Jonathan Söderblom, war ein schwedischer lutherischer Theologe und Erzbischof von Uppsala. Aufgrund seines unermüdlichen Einsatzes für die Ökumene und den Weltfrieden wurde ihm 1930 der Friedensnobelpreis verliehen.

Sophie-Scholl-Schule Gießen

Die Sophie-Scholl-Schule in Gießen (Mittelhessen) ist eine Schule in freier Trägerschaft der gemeinnützigen Sophie-Scholl-Schulen GmbH und der Lebenshilfe Gießen e.V.. Auf Grundlage reformpädagogischer Vorbilder ist die Schule als jahrgangsgemischte Stufenschule bis Jahrgang zehn organisiert. Immer zwei Jahrgänge besuchen eine Lerngruppe und bilden eine Schulstufe. Jede Lerngruppe umfasst etwa 20 bis 22 Schüler, darunter jeweils fünf Kinder mit unterschiedlichen Förderschwerpunkten.

Alle Lerngruppen werden durch kooperativ arbeitende multiprofessionelle Teams unterrichtet und in ihrem Lern- und Entwicklungsprozess dicht begleitet.

Die Idee zur Sophie-Scholl-Schule ist aus einer Elterninitiative entstanden. Im Jahr 1998 erfolgte die Gründung der Schule in Trägerschaft der Lebenshilfe Gießen e.V. mit zunächst einer Lerngruppe. Es folgte die sukzessive Erweiterung der Klassen mit jedem Schuljahr.

2009 kann mit der Sophie-Scholl-Schule Wetterau in Trägerschaft der Lebenshilfe Wetterau e.V. eine weitere inklusive Schule mit Modellcharakter eröffnet werden. Im gleichen Jahr wird die Sophie-Scholl-Schule in Gießen mit dem »Jakob-Muth-Preis« als vorbildliche Schule für Kinder mit und ohne Behinderung ausgezeichnet.

Special Olympics Deutschland

Special Olympics Deutschland (SOD) ist die deutsche Organisation der weltweit größten, vom Internationalen Olympischen Komitee (IOC) offiziell anerkannten Sportbewegung für Menschen mit geistiger und mehrfacher Behinderung.

Im Jahr 1968 von Eunice Kennedy-Shriver, einer Schwester von US-Präsident John F. Kennedy, ins Leben gerufen, ist Special Olympics heute mit nahezu fünf Millionen Athleten in 170 Ländern vertreten.

In Deutschland wurde Special Olympics Deutschland als e.V. 1991 begründet.

Wesentliche Wurzeln liegen bei der Bundesvereinigung Lebenshilfe, einigen Landesverbänden – besonders aktiv der Landesverband Rheinland Pfalz unter dem Vorsitz von Karl-Heinz Thommes – und dem damaligen Sportausschuss. »Special Olympics Germany« wird seit 1984 bei Special Olympics International über die Bundesvereinigung Lebenshilfe als offizielle deutsche Kontaktorganisation geführt, aber nicht als ordentliches Mitglied akkreditiert. Tom Mutters übernimmt in diesem Zusammenhang die Rolle des National Director, der Sportausschuss der Lebenshilfe nimmt die Funktion eines »Special Olympics Comittees« wahr. Eine eigenständige SO-Organisation in Deutschland wird in diesen Jahren nicht angestrebt.

Gleichwohl nahmen schon in den 80er Jahren Lebenshilfe-Delegationen regelmäßig an europäischen und Weltspielen teil.

Durch die Wende, durch neue Kontaktpartner etwa in Gestalt der Stadtbezirksstelle für Rehabilitation Berlin und zurückliegende gute Erfahrungen mit Special Olympics durch die Teilnahme an internationalen Veranstaltungen veränderte sich die verbandspolitische Positionierung. In einer Sitzungsfolge im Frühjahr 1991, zu der Dr. Bernhard Conrads, Nachfolger von Tom Mutters nach Frankfurt und in die Bundeszentrale nach Marburg eingeladen hatte, wurde ein vorläufiges Nationales Komitee gegründet, dem die Vereinsgründung im Herbst 1991 folgte. Gründungspräsident wird der Sportausschuss-Vorsitzende der Lebenshilfe Prof. Dr. Peter Kapustin.

Heute treiben bei Special Olympics in Deutschland etwa 40.000 Athletinnen und Athleten mit und ohne Behinderung regelmäßig Sport im Alltag – zumeist in den etwa 1.000 Mitgliedseinrichtungen, mehr und mehr aber auch im allgemeinen Sportverein. Auf örtlicher, regionaler, Landes- und Bundesebene organisiert Special Olympics durch die 14 Landesverbände oder SOD in insgesamt 26 Sportarten oft mehrtägige Sportveranstaltungen (etwa 200 Veranstaltungen jährlich). Special Olympics Deutschland entsendet zudem große deutsche Delegationen zu Europäischen Spielen und zu den im Vierjahresrythmus stattfindenden Weltsommer- und -winterspielen von SO-International und zu anderen internationalen Sportveranstaltungen.

Special Olympics steht für Inklusion im Sport und vertritt die entsprechenden Interessen auf sport- und gesellschaftspolitischer Ebene. Derzeitige Schirmherrin ist Daniela Schadt, die Lebensgefährtin von Bundespräsident Joachim Gauck.

Stiftung Hilfswerk für das behinderte Kind

Die Conterganstiftung für behinderte Menschen ist eine deutsche öffentlich-rechtliche Stiftung des Bundes. Sie wird im Verlauf des Contergan-Skandals am 31. Oktober 1972 zunächst unter dem Namen »Stiftung Hilfswerk für behinderte Kinder« errichtet und erbringt Leistungen an behinderte Menschen, deren Fehlbildungen mit der Einnahme thalidomidhaltiger Präparate der Stolberger Firma Chemie Grünenthal GmbH durch die Mutter während der Schwangerschaft in Verbindung gebracht werden können und die behinderten Menschen, vor allem solchen unter 21 Jahren, durch Förderung von Einrichtungen, Forschungs- und Erprobungsvorhaben Hilfe gewährt, um ihre Eingliederung in die Gesellschaft zu fördern. Die Stiftung speist sich aus Mitteln eines am 10. April 1970 zwischen den Eltern der betroffenen Kinder und der Herstellerfirma geschlossenen Vergleichs in Höhe von damals 100 Millionen D-Mark sowie aus einer Aufstockung des Stiftungskapitals durch Haushaltsmittel des Bundes um mehr als das Dreifache. Mit Inkrafttreten des Conterganstiftungsgesetz am 19. Oktober 2005 erhielt die Stiftung ihren heutigen Namen.

Tötungsanstalt Hadamar

In der Tötungsanstalt Hadamar im mittelhessischen Hadamar bei Limburg wurden zwischen Januar 1941 und März 1945, im Rahmen der sogenannten Aktion T4 etwa 14.500 Menschen mit Behinderungen und psychischen Erkrankungen in einer Gaskammer, durch tödliche Injektionen und Medikationen sowie durch vorsätzliches Verhungernlassen ermordet. An die Verbrechen erinnert heute die Gedenkstätte Mönchberg.

Nach einer erhalten gebliebenen internen T4-Statistik wurden in der Tötungsanstalt Hadamar in nur acht Monaten zwischen dem 13. Januar 1941 und dem 1. September 1941 insgesamt über 10.000 Menschen durch das Gas Kohlenmonoxid ermordet, in der Sprache ihrer Mörder: desinfiziert. Die Menschen wurden in einem als Duschraum getarnten Kellerraum ermordet und ihre Leichen im angrenzenden Krematorium verbrannt. Die Rauchwolken des Krematoriums und der Geruch nach verbrannten Leichen führten zusammen mit Berichten des Personals der Anstalt dazu, dass die Einwohner von Hadamar und Umgebung die systematischen Ermordungen zumindest vermuten konnten. Das Sonderstandesamt Hadamar-Mönchberg, das ebenfalls in dem Gebäude untergebracht war, versandte an die Angehörigen der Opfer Sterbeurkunden mit erfundenen Todesursachen, um die Taten zu verschleiern.

Die Opferzahl von mehr als 10.000 Menschen umfasst lediglich die erste Phase der Aktion T4 in Hadamar. Diese wurde auf Anordnung Adolf Hitlers mit dem Datum 24. August 1941 abgeschlossen. Dazu hatte der Protest der katholischen Kirche beigetragen. Auch der Limburger Bischof Antonius Hilfrich, in dessen Diözese Hadamar lag, hatte einen Protestbrief an das Reichsjustizministerium geschickt.

Nach einer Pause von einem Jahr nahm die vormalige Landesheilanstalt Hadamar die Funktion einer Tötungsanstalt wieder auf. Als solche war sie eingebunden in die »zweite Mordphase«, in der vor allem mit überdosierten Medikamenten und gezielter Mangelernährung gemordet wurde. Von August 1942 bis Kriegsende starben noch einmal rund 4.500 Menschen in Hadamar.

Zur heutigen Gedenkstätte gehört auch die ehemalige »T4«-Busgarage. Die Holzbaracke bot Platz für drei Busse, mit denen die »Gemeinnützige Krankentransportgesellschaft« (Gekrat) die Opfer der »T4-Aktion« nach Hadamar transportierte. Die Busse waren grau lackiert und hatten angestrichene Fenster, so dass ein Hinein- oder Heraussehen unmöglich war.

Tom-Mutters-Stiftung

Im Jahr 1999 wurde die Lebenshilfe-Stiftung »Tom Mutters« gegründet, um die Arbeit der Bundesvereinigung zu ergänzen und zu verstärken.

Die Lebenshilfe-Stiftung »Tom Mutters« ist eine selbständige, rechtsfähige Stiftung des bürgerlichen Rechts und trägt den Namen des Initiators und Gründers der Lebenshilfe, Dr. h.c. Tom Mutters. Damit wird dessen Lebenswerk gewürdigt.

Die Stiftung fördert gezielt wirkungsvolle Projekte und praxisorientierte Aktivitäten, insbesondere für sehr schwer behinderte Menschen, und setzt sich darüber hinaus auf politischer Ebene für die Belange und Rechte von Menschen mit geistiger Behinderung ein.

Die Stiftung hat in den letzten Jahren auch international viele Projekte, zum Beispiel in Indien und Osteuropa, unterstützt und dortige Initiativen beim Aufbau von Einrichtungen für behinderte Kinder, Jugendliche und Erwachsene gefördert.

Alle Aktivitäten der Stiftung werden aus privaten Zuwendungen finanziert. Diese fließen unmittelbar und ohne Abzug von Verwaltungskosten in die Projektarbeit, da Vorstand und Geschäftsführung ehrenamtlich arbeiten.

UN-Behindertenrechtskonvention

Das 2006 von der UNO-Generalversammlung in New York verabschiedete und 2008 in Kraft getretene Übereinkommen über die Rechte von Menschen mit Behinderungen (UN-Behindertenrechtskonvention, BRK) ist ein von 160 Staaten und der Europäischen Union (EU) durch Ratifizierung, Beitritt oder (im Fall der EU) formale Bestätigung abgeschlossener völkerrechtlicher Vertrag, der die bislang bestehenden acht Menschenrechtsabkommen für die Lebenssituation behinderter Menschen konkretisierte: Sie werden weniger als Kranke betrachtet, sondern vielmehr als gleichberechtigte Menschen (sogenanntes »menschenrechtliches Modell«).

Die Konvention wurde über fünf Jahre erarbeitet; keine andere wurde so schnell von so vielen Staaten ratifiziert.

Als eines der ersten Länder unterzeichnete Deutschland am 30. März 2007 die Konvention. Mit der Verkündung des Gesetzes zur Ratifikation des «Übereinkommens über die Rechte von Menschen mit Behinderungen« trat am 26. März 2009 die UN-Behindertenkonvention in Deutschland in Kraft.

Hintergrund: Weltweit leben 650 Millionen Menschen, zehn Prozent der Weltbevölkerung und größte Minderheit, mit einer Behinderung. Diese Gruppe wird durch das Anwachsen der Weltbevölkerung, den medizinischen Fortschritt und die alternde Gesellschaft weiter wachsen. Menschen mit Behinderungen leben oftmals am Rande der Gesellschaft und bilden das ärmste Fünftel der Weltbevölkerung. 98 Prozent der Kinder mit Behinderungen in Entwicklungsländern gehen nicht zur Schule, 30 Prozent der Straßenkinder haben Behinderungen, nur drei Prozent der Erwachsenen mit Behinderungen können schreiben und lesen, in manchen Ländern nur ein Prozent der Frauen mit Behinderungen. Die Konvention stellt die Pflichten der Staaten heraus, die für Menschen mit Behinderungen bestehenden Menschenrechte zu gewährleisten. Aufgabe aller Menschenrechtskonventionen ist das Empowerment der Menschen, indem Ansprüche auf Selbstbestimmung, Diskriminierungsfreiheit und gleichberechtigte gesellschaftliche Teilhabe geltend gemacht werden und ihre Durchsetzung ermöglicht wird. In der UN-Konvention über die Rechte von Menschen mit Behinderungen kommt das Bewusstsein der eigenen Menschenwürde und der des anderen als Grundlage dieses Empowerment so stark zum Tragen, wie bei keiner anderen Menschenrechtskonvention. Der Begriff der Menschenwürde ist hier nicht nur häufiger Inhalt des Konventionstextes, darüber hinaus wird sie auch ausdrücklicher als in anderen Menschenrechtskonventionen als Ziel der Bewusstseinsbildung gefordert.

UNRRA

Die Nothilfe- und Wiederaufbauverwaltung der Vereinten Nationen oder kurz UNRRA von (englisch) United Nations Relief and Rehabilitation Administration war eine Hilfsorganisation, die bereits während des Zweiten Weltkrieges am 9. November 1943 auf Initiative der USA, der Sowjetunion, Großbritanniens und Chinas gegründet wurde. Nach Kriegsende wurde sie von der UNO übernommen. Die UNRRA war in Europa bis zum 31. Dezember 1946 tätig und wurde dann durch die International Refugee Organization ersetzt. In Afrika, im Nahen Osten und China arbeitete sie bis zum 30. Juni 1947.

Hauptaufgabe der UNRRA war die Unterstützung der Militäradministration bei der Rückführung der sogenannten Displaced Persons (DPs beziehungsweise DPs). Der UNRRA kam dabei die Aufgabe zu, die DP-Lager in den befreiten Gebieten zu betreuen. Für jedes Lager war ein UNRRA-Team zuständig, das der örtlichen Militärkommandantur unterstellt war. Die UNRRA ihrerseits war in den Lagern den nichtmilitärischen Hilfsorganisationen gegenüber, wie dem Roten Kreuz oder dem Joint Distribution Committee, weisungsberechtigt.

Weltkirchenrat

Der Weltkirchenrat (englisch: World Council of Churches, WCC) wurde am 23. August 1948 in Amsterdam gegründet und gilt seitdem als zentrales Organ der ökumenischen Bewegung. Derzeit gehören dem weltweiten Zusammenschluss 345 Mitgliedskirchen in mehr als 120 Ländern auf allen Kontinenten an (Stand: 2015). Als die Spendengelder aus Schweden für das von Tom Mutters konzipierte Heim für geistig behinderte Kinder in Marburg transferiert werden sollten, schaltete Pastor Daniel Cederberg den Weltkirchenrat ein, da Devisen auch mehr als zehn Jahre nach Kriegsende nicht einfach nach Deutschland überwiesen werden durften. Über den WCC kamen die Spenden schließlich in Marburg an. Das Kerstin-Heim konnte gebaut werden.

Quellen

Martina Ahmann: Was bleibt vom menschlichen Leben unantastbar? Kritische Analyse der Rezeption des praktisch-ethischen Entwurfs von Peter Singer aus praktisch-theologischer Perspektive, in Theologie und Praxis 11. Münster, LIT, 2001

Hans-Georg Noack: Die großen Helfer, Arena Verlag, Würzburg, 1983

Unsere Jugend 5/1958 – Die Zeitschrift für Studium und Praxis der Sozial-
pädagogik, Ernst-Reinhardt Verlag, München

sowie

Bundesvereinigung Lebenshilfe – Gedenkstätte Hadamar – ITS, Bad Arolsen – Sophie-Scholl-Schule Gießen – Special Olympics Deutschland – Wikipedia – *Der Spiegel* – *Darmstädter Echo*

Bildnachweise

Aktion Mensch e. V.: S. 97/Josef Darchinger, S. 100

Michael Bause, Köln: Umschlagseite 1

Markus Becker: S. 131

Bundesvereinigung Lebenshilfe e. V.: S. 40, 47, 88, 107, 109, 126, 134/Melanie Kannel, 147/Nadine Weigel

Fotosammlung der Stabsstelle Presse- und Öffentlichkeitsarbeit der Stadt Marburg, S. 29

Kerstin-Heim: S. 72

Klaus Kächler: S. 42, 153, 175u.

Familie Mutters: S. 5, 16, 19, 20, 22, 31, 32, 35, 36, 37, 44, 46, 49, 51, 52, 59, 61, 68, 70, 73, 78, 81, 118, 133, 137, 138, 139, 140, 142, 144, 145

Reinier Mutters: S. 104

Pontificia/F. Felici: S. 117

Peter P. Schüßler, Braunfels: S. 175o.

ZDF/Renate Schäfer: S. 95

Dank

Um eine Biografie schreiben zu können, bedarf es gründlicher Recherchen im Umfeld des Protagonisten. Daher danken wir ganz besonders der Familie Mutters für ihr Vertrauen und die herzliche Gastfreundschaft – Ursula Mutters für die spannenden und lehrreichen Gespräche, für den leckeren Kaffee und ihren unbändigen Willen, dieses Projekt zu verwirklichen.

Prof. Dr. Reinier Mutters danken wir für seine tatkräftige Unterstützung, seine konstruktive Kritik, seine Bereitschaft für viele Telefonate (zu welcher Uhrzeit auch immer). Frank Mutters und Anne Farien danken wir ebenfalls für ihren Einsatz.

Ein großer Dank geht auch an die Bundesgeschäftsführerin der Lebenshilfe, Prof. Dr. Jeanne Nicklas-Faust, und Verlagsleiter Roland Böhm für die uneingeschränkte Unterstützung, ihr Vertrauen und das Öffnen der Archive.

Ganz herzlich danken wir den Autoren der Gastbeiträge: Guido Maria Kretschmer und Ulla Schmidt für ein Vorwort sowie Prof. Dr. Jeanne Nicklas-Faust, Maren-Müller-Erichsen, Dr. Bernhard Conrads und Klaus Lachwitz für deren Zeitzeugenberichte.

Bei der Verwirklichung des Buches haben uns ebenfalls sehr geholfen: Nadine Becker, Julia Kächler, Jürgen Schellenberg, Peer Brocke (Presseabteilung der Lebenshilfe), Hans Ordnung (Leiter des Kerstin-Heims, Marburg), Roland Erlen (Archivar, Aktion Mensch), Prof. Dr. Susanne Urban (International Tracing Service), Stefan Patzig (Pressefoto-Archiv des ZDF), Sandra Baumgarten (Stadtarchiv Marburg), Mark Burcin (Übersetzung) und Christina Bacher.

Dr. Bernhard Conrads danken wir ganz besonders für seine unermüdliche Mitarbeit, die vielen wertvollen Ratschläge und Anregungen sowie seine vertrauensvolle Unterstützung.

Vor allem aber danken wir Tom Mutters:

Dafür, dass er Deutschland positiv und nachhaltig verändert hat. Dafür, dass er behinderten Menschen eine Stimme gegeben und ihnen dabei geholfen hat, ihren Platz innerhalb unserer Gesellschaft zu finden. Dafür, dass wir ihn die letzten Jahre seines Lebens begleiten durften und dass er uns gezeigt hat, worauf es im Leben ankommt: Dass man das Leben leben muss und dabei diejenigen Menschen nicht vergessen darf, denen das Schicksal weniger wohl gesonnen ist.

Die Autoren

Markus Becker M.A., 1976 in Wetzlar geboren, ist als Lokalredakteur im MAZ Verlag für die Region Marburg verantwortlich. Nach seinem Magisterstudium der Politikwissenschaft, Soziologie und Psychologie an der Justus-Liebig-Universität Gießen arbeitete er als Politikredakteur und freier Journalist für verschiedene Tageszeitungen und im Hörfunk. Neben seinem Interesse für Sport und Zeitgeschehen spielt er gelegentlich Schlagzeug in einer Coverband. Er ist verheiratet und hat zwei Töchter.

Klaus Kächler wurde 1966 in Gießen geboren. Nach dem Abitur studierte er Germanistik, Politikwissenschaften, Geschichte und Medienwissenschaten an der Justus-Liebig-Universität Gießen. Von 1992 an war er als Reisejournalist und Fotograf tätig und arbeitete später als freier Mitarbeiter und Redakteur für verschiedene Tageszeitungen und Magazine. Seit 2008 ist er Chefredakteur im MAZ-Verlag. In seiner Freizeit spielt er Basketball, macht Musik oder liest. Er ist verheiratet und hat zwei Töchter.